Im Glashaus gefangen zwischen Welten

Devakumaran Manickavasagan

IM GLASHAUS GEFANGEN ZWISCHEN WELTEN

Ein Leben zwischen zwei Kulturen

2017

Bibliografische Information durch
die Deutsche Nationalbibliothek:
Die Deutsche Nationalbibliothek verzeichnet diese
Publikation in der Deutschen Nationalbibliografie; detail-
lierte bibliografische Daten sind im Internet über
http://dnb.d-nb.de abrufbar.

2.Auflage August 2017
ISBN 978-3-96111-260-9

Fotos © Hossein Asgari

Hergestellt in Vachendorf, Germany (EU)
Nova MD GmbH
www.devamanick.com

14,50 Euro (D)

Inhalt

Einleitung

Gleich zu Beginn möchte ich Ihnen gratulieren. Dafür, dass Sie den ersten Schritt gemacht haben, um einen Blick hinter die Kulissen zu machen. Endlich zu erfahren, was genau hinter den verschlossenen Türen passiert. Fragen, wie eine Parallelgesellschaft sich in Deutschland entwickeln kann, wenn Menschen aus den unterschiedlichsten Ländern zu uns kommen und sogar der Nachwuchs hier geboren und aufgewachsen ist. Es mag sein, dass ich Sie in einem oder mehreren Kapiteln persönlich erreiche. Vielleicht auch nur in einer Zeile. Manchmal kann das Erreichen oder die Wahrheit auch schmerzhaft sein. Aber bitte geben Sie nicht auf, die Reise durch das Glashaus weiterzumachen. Manchmal ist das Erkennen auch ein Spiegelbild der eigenen Seele. Dinge, die man eventuell über die Jahre unbewusst verdrängt hat. Vielleicht kann dieses Erkennen auch der erste Schritt sein zu der eigenen Veränderung. Es mag sein, dass ich in manchen Punkten die „deutsche Gesellschaft" zu positiv darstelle. Dies habe ich bewusst gemacht, damit deutsche Leser die eigene Kultur von der anderen Perspektive aus betrachten und hinterfragen. Die Dinge, wie Sie es selbst merken werden, lassen sich auch auf (fast) alle Kulturen übertragen. Vielleicht sogar auch auf die deutsche Kultur?

An dieser Stelle möchte ich mich als Deutsch-Tamile vorstellen. Diesen Ausdruck verwende ich, um dem Leser zu verdeutlichen, dass der Verfasser dieses Buches den Wissensstand sowie die Erfahrungen aus zwei Kulturebenen mitbringt. Geboren und aufgewachsen bin ich in Ratingen, einer Kleinstadt im Kreis Mettmann. Ich beschreibe eine Reihe von Beobachtungen und persönlichen

Erfahrungen, um in der eigenen Kultur die Gründe für die Probleme der Integration in eine fremde Kultur zu erforschen. Mit diesem Buch möchte ich zudem die Aufmerksamkeit auf die inneren Wünsche der Migrationsjugend lenken.

Die Flucht aus der Heimat

Armut und Elend begleiten den Alltag und man sieht der Zukunft hoffnungslos entgegen. Man denkt an Flucht aus der Heimat in ein Land, wo alles „besser" sein muss, als es bisher gewesen ist.

Ein Leben, begleitet vom Krieg und der ständigen Angst vor dem eigenen Leben, erschwerte die Lebenssituation für die Menschen in Sri Lanka. Als einzige Lösung, sich aus dem Chaos zu befreien, erschien die Resignation – die „Flucht" in die Leere.

Da in einem Entwicklungsland Armut und Lebensmittelmangel herrschen und vor allem kaum Geld verdient werden kann, wandern viele Migranten, nicht nur aus Sri Lanka, sondern auch aus anderen Teilen der Welt in den Westen. Über einen konkreten Aufbauplan nach der Ankunft in Deutschland machen sie sich kaum Gedanken. So stoßen viele Migranten, angekommen im jeweiligen Exil, auf eine Hürde voller Aufgaben und Sprachbarrieren, über die sie sich im Voraus nicht im Klaren waren. Das alte Land wurde verlassen in der Hoffnung, im neuen Land die Lösung zu finden. Wie lassen sich die Erwartungen erfüllen? Wie lässt sich Geld verdienen? Wie findet man einen Arbeitsplatz – wenn zu all dem das nötige Handwerkszeug fehlt? Ich spreche vom Erlernen der jeweiligen Landessprache.

Bei all dem unterschätzen viele betroffene Flüchtlinge das Kriegstrauma, welches sie aus einem ehemaligen Bürgerkriegsland wie Sri Lanka jahrelang mit sich schleppen.

Vielen von ihnen ist nicht bewusst, welche Auswirkungen die Erlebnisse auf ihre Psyche haben können. Darauf werde ich im Kapitel „Die traumatisierten Eltern" näher eingehen.

Angekommen in einem Industrieland wie Deutschland, sind die eingewanderten Migranten zunächst einmal mit den zahlreichen Formalitäten beschäftigt.

In den meisten Fällen verlassen verheiratete Familienväter ihre Familien, um die Reise in die Ferne anzutreten. Frau und Kinder bleiben in der Heimat zurück und hoffen auf eine baldige Verbesserung ihrer Lage. Planlos in Deutschland begreifen manche Migranten, dass die Dinge nicht so einfach funktionieren, wie sie es sich vorgestellt haben. Davon möchte ich am Beispiel meines Vaters berichten:

Er wanderte im Jahre 1982 im Alter von dreißig Jahren in Deutschland ein. Damals – es war noch zu DDR-Zeiten – erfolgte eine Grenzöffnung mit einem dreitägigen Visum nach Deutschland. Mein Vater verließ Sri Lanka, bevor der Bürgerkrieg offiziell ausbrach. Eingereist in Deutschland musste er feststellen, dass er ohne Sprachkenntnisse keinen Arbeitsplatz finden konnte. Während meine Mutter und meine beiden Geschwister in Sri Lanka waren, hatte mein Vater die Wahl: Er konnte dorthin zurückgehen oder sich in einem neuen Land auf ungewisse Zeit etwas aufbauen. Zusammen mit mehreren Hunderten von Tamilen aus Sri Lanka wurde er von Stadt zu Stadt deportiert, bis er letztlich Ratingen erreichte. Dort verbrachte er zusammen mit sechs Fremden die ersten Jahre im Gemeinschafts-zimmer eines Asylheims.

Diese Zeit verbrachte er in Ungewissheit, Hoffnungslosigkeit und großer Trauer, da er auf unbestimmte Zeit getrennt von seiner Familie in einem Land lebte, in dem er weder die Sprache beherrschte noch die Menschen kannte. Er musste sein komplettes Leben von heute auf morgen umstellen.

Das Leben im Exil sollte besser und schöner werden als das alte Leben in der Heimat. Doch angekommen im Exil stand er – wie viele Migranten – vor einer großen Baustelle, bei der ihm die Anweisung fehlte, wie und wo er zu bauen beginnen sollte. Mit sechs weiteren Tamilen, die er zuvor weder gesehen noch gekannt hatte, musste er unter einem Dach die nächsten fünf Jahre seines Lebens teilen.

Für mich unvorstellbar, doch für die Reisenden gab es keinen anderen Ausweg. Entweder sie akzeptierten die Lage, wie sie war, oder sie kehrten zurück in ihr altes Leben. Wie viele Migranten nahmen sie die Einschränkung der eigenen Privatsphäre in Kauf, immer auf eine baldige Veränderung hoffend. Als Asylant ohne Arbeitsplatz und Geld hatten sie im Exil nicht viele Optionen.

Den Kampfgeist sowie das Durchhaltevermögen meines Vaters bewundere ich bis heute. Es ist unglaublich, wie Menschen aus einer Lage Hoffnung schöpften, die keinen Boden unter den Füßen bot.

Die Vorstellung, dass nach Ankunft im neuen Land alles besser würde, erwies sich für meinen Vater als ein Trugschluss. Kurze Zeit, nachdem er in Deutschland angekommen war, brach in Sri Lanka offiziell der Bürgerkrieg aus und meine Mutter war mit meinen beiden Geschwistern auf sich gestellt. Eine starke Frau, die mit ihren Kindern während des Bürgerkrieges ums Überleben kämpfte. Während sie von Dorf zu Dorf wanderte, verbrachte mein Vater in Deutschland die Zeit damit, das schwer verdiente Geld nach Sri Lanka zu schicken, um weiterhin unseren Lebensunterhalt zu gewährleisten.

Aufgeben und zurückkehren, das wollte er nicht. Er war fest entschlossen, jegliche Herausforderung anzunehmen.

Gedanken an das Erlernen der Sprache wurden immer wieder verdrängt, die Migranten hatten zu viele andere Probleme im Kopf, die es zu lösen galt. Sprachinstitute waren für viele von ihnen ein Fremdwort.

Fünf Jahre in Deutschland und ein Leben getrennt von der eigenen Familie hatten für meinen Vater zur Folge, dass ein Teil der Beziehung zu seinen Kindern und der persönliche Bezug zu der eigenen Frau verloren gingen.

Nicht nur meinem Vater erging es so. Andere Familien machen auch heute noch ähnliche Erfahrungen. Die räumliche Trennung ist zugleich eine emotionale Trennung, die sich unbewusst einschleicht. Die Auswirkungen einer solchen Distanz spiegeln sich im späteren Miteinander wider und sind unter anderem Grund für mögliche Ehestreitigkeiten.

Eine Flucht vor irgendetwas ist stets gefolgt von Angst und Unsicherheit. Es gilt, vor dem wegzulaufen, was einem das Leben erschwert. Mit diesem Prinzip verlassen die meisten Migranten ihre Heimat. Die Reise endet in einem neuen Land und beginnt zugleich mit einer erneuten

Flucht. Die Flucht vor dem Fremden und einer neuen Angst des Versagens. Aus Ratlosigkeit und Verzweiflung greifen manche zum Alkohol oder zu anderen Rauschmitteln, um sich so ein Stück weit von ihrem Gemütszustand abzulenken.

Unter den Umständen der ständigen Flucht ist es kaum möglich, dass die betroffenen Migranten auf die Idee kommen, die jeweilige Landessprache im Exil zu erlernen, was ihnen vieles erleichtern würde.

Um Gespräche mit einem Psychologen zu ermöglichen, fehlt das Grundwerkzeug: die Sprache. So sind Migranten, die aus einem Bürgerkriegsland flüchten, mit ihrem schweren Schicksal und ihren verletzten Gefühlen auf sich gestellt.

Die Begegnung

Nach Jahren der Trennung kommt die Begegnung mit der eigenen Familie.

Wie ist so ein Wiedersehen zu beschreiben? Hier gehen sicherlich die Meinungen auseinander, die Antwort überlasse ich dem Leser.

Aus der jahrelangen Trennung von der eigenen Familie resultiert eine emotionale Distanz. Mein ausgewanderter Vater musste zusehen, wie er die angereiste Familie im fremden Land versorgen würde. Zwar hatte er eine dauerhafte Arbeit im Einzelhandel gefunden, doch wie sah der Alltag für den Rest der Familie aus?

Meine beiden vom Krieg traumatisierten Geschwister wurden zum Erlernen der deutschen Sprache in ein entsprechendes Sprachinstitut geschickt, welches neben dem Besuch einer Schule gefördert wurde. Meine ebenfalls traumatisierte Mutter beschäftigte sich hauptsächlich mit dem Haushalt.

Der neu entstandene Alltag, der durch einen Schein aufrechterhalten blieb, lief bei vielen Migranten-Familien in den ersten Jahren nach ihrer Ankunft in Deutschland ähnlich ab. Auf den ersten Blick schien alles geregelt abzulaufen, doch in Wirklichkeit war es mehr als nur die Ordnung im Leben.

Ich würde es mit meinen eigenen Worten als ein emotionales Chaos bezeichnen, in dem sich jedes Familienmitglied befand. Angefangen beim Vater, der fünf Jahre in einer eingeengten Privatsphäre gelebt hatte, begleitet von der Trauer über die Trennung von Frau und Kindern. Dann die Mutter, die sich und ihre beiden Töchter während des Bürgerkrieges hatte beschützen müssen. Und schließlich die beiden Mädchen, die ihren Vater fünf Jahre vermisst und mit angesehen hatten, wie Menschen gestorben waren. In sich gekehrt verfolgten sie ihren Alltag in Deutschland.

Wenn der Mann von der Arbeit nach Hause kam, gab es wenig Raum für tiefgründige emotionale Gespräche mit der Ehefrau. Erschöpft wurde der stumme Alltag zu Hause wahrgenommen, jeder war mit sich und dem Leben im neuen Land beschäftigt. Kulturelle Feierlichkeiten und Zusammentreffen mit Gleichgesinnten brachten dem stummen Alltag der Familie Abwechslung und Freude. Für einen kurzen Moment konnten sie die Umwelt und die darin enthaltenen Probleme vergessen. Eine Reise in eine altvertraute Welt. Die Flucht in die Welt der eigenen Kultur.

Die Angst vor der neuen Kultur sowie die Orientierungslosigkeit im Exil bilden den Nährboden für den Rückzug in die eigenen Kreise, aus denen man selbst gar nicht heraustreten möchte. Der Nachteil einer solchen Flucht ist eine Isolation von der neuen Kultur. Man möchte sich nur noch in gewohnten Kreisen aufhalten und vergisst dabei den Fokus auf das wesentliche Ziel. Weitere Nachteile sind unter anderem die Vernachlässigung des eigenen Partners und der Kinder. Immer wieder werden bei diesen kulturellen Feierlichkeiten die verletzten Gefühle aus der Zeit der Trennung ignoriert. Die verlorene und weiterhin bestehende Sehnsucht des Partners nach Wärme und Zuneigung erfährt man nicht in diesen gesellschaftlichen Kreisen. Dort gilt es, den aktuellen Moment zu genießen und für einen Augenblick die „alte Heimat" wahrzunehmen.

Während die Frauen von den verletzten Gefühlen der Männer nichts mitbekommen, wissen die Männer nichts von den ebenfalls verletzten Gefühlen ihrer Frauen und Kinder. So ergibt sich eine ständig wiederkehrende Trauer für alle Beteiligten, die manchmal in emotionaler Eskalation endet.

Oft sind es diese Lücken, die betroffene Ehepaare in scheinbar ausweglose Streitsituationen bringt. Und doch suchen sie die Gründe für ihr eigenes Fehlverhalten oder das ihres Partners an ganz anderer Stelle. Sie vermuten, dass die Ursachen im enormen Arbeitsstress, in der vielen

Hausarbeit oder in den Erziehungsproblemen mit den Kindern liegen. Eine Unterdrückung der eigenen Bedürfnisse verursacht tiefe Enttäuschung und Trauer, die die meisten sich nicht eingestehen wollen. Auch hier entsteht eine emotionale Distanz zu den Gefühlen, die alles Fremde von sich abwehren. Dafür bieten kulturelle Orte und Gegebenheiten mögliche Rückzugsorte an. Wenn die eigenen Eltern selbst keine Gefühle zulassen, wie sollen dann ihre Kinder es tun?

An dieser Stelle fängt die emotionale Reise zwischen den beiden Kulturen an, auf der gerade heranwachsende Jugendliche mit Migrationshintergrund zu kämpfen haben. Ich werde dies in einem späteren Kapitel näher erläutern.

Zusammenfassend ist die erste Begegnung mit der neuen und fremden Kultur für Flüchtlinge im Exil distanziert zu betrachten. Viele flüchten in das Bekannte und möchten dort weiterhin bleiben. Für die Anfangszeit wäre das vielleicht nachvollziehbar, doch eine komplette Isolation in diesen Kreisen, welche gleichzeitig die Isolation von der westlichen Welt bedeutet, ist vielen Migranten nicht bewusst. Die Ignoranz der Sprache und die fehlende Integration stehen einer angemessenen Entwicklung im Weg.

Ohne die Bereitschaft, sich für das Fremde zu interessieren und es zu akzeptieren, kann ein Vertrauen in die deutsche Gesellschaft nicht zustande kommen.

Neben der psychischen Last, die manche Migranten mit sich tragen, bleibt wenig Platz für das Sammeln neuer Kenntnisse. Viele sind zu sehr beschäftigt mit Dingen, von denen sie überzeugt sind, dass es ihnen das verspricht, wovon sie lange Zeit geträumt haben. In Wirklichkeit haben materielle Dinge nur wenige Menschen auf Dauer glücklich gemacht.

Viele sind fleißig und eifrig, um sich in Deutschland etwas aufzubauen, was ihnen auch gelingt, doch wie viele von ihnen sind von ganzem Herzen mit ihrem Leben tatsächlich zufrieden und glücklich? Obwohl es manchen finanziell gut geht, machen dennoch einige von ihnen einen traurigen Eindruck. Umgekehrt stellte ich das Gleiche bei manchen Frauen und Kindern fest. Sind es die Bedürfnisse des Lebens, die ein Mensch erfüllt braucht, um glücklich zu sein, die aber aufgrund der Fülle von Problemen, die sie mit sich tragen, vernachlässigt werden? Die Bedürfnisse nach Wärme, Zuneigung und vor allem nach Liebe.

Diese Aspekte, die beispielsweise in deutschen Familien im Umgang selbstverständlich sind, sind bei manchen Migranten-Familien nicht vorhanden. Eine solche Distanz zu den eigenen inneren Gefühlen könnte seine Ursache in der Flucht aus der Heimat haben.

An dieser Stelle möchte ich nicht alle Exil-Migranten verurteilen, die nie zuvor gelernt haben, Liebe gegenüber anderen zu zeigen. Es fällt nun mal vielen tamilischen Eltern schwer, ihren eigenen Kindern gegenüber Gefühle in Form von Geborgenheit und Wärme zu vermitteln. Der Schwerpunkt wird auf das Endziel gelegt, nämlich dass das Kind auf beruflicher Ebene das erreicht, was die Eltern von ihm erwarten. Das Ziel – die Ernte aus der schweren Reise, die sie hinter sich haben – wird mit dem beruflichen

Erfolg der Kinder verankert. Eine erneute Flucht in die Zukunft der eigenen Kinder.

Um dieses Ziel zu erreichen, sind die betroffenen Kinder einem enormen psychischen Druck seitens ihrer Eltern ausgesetzt. Der Vater sieht seine Aufgabe in der Erfüllung der finanziellen und materiellen Notwendigkeiten, während die Mutter sich um den Haushalt kümmert. Mit dieser gedanklichen Brücke bauen viele Eltern ihre eigene familiäre Welt auf. Wird diese Welt durch etwaige Probleme der Kinder gestört, versuchen sie mit allen Mitteln, diese aus der Welt zu schaffen. Dies geschieht unter anderem durch Wutausbrüche, die sich zunächst verbal äußern, die aber auch häufig in körperliche Gewalt ausarten, mit dem Hintergedanken, dass die eigene Scheinwelt wiederhergestellt wird. Im Vordergrund steht das Endziel, und dieses liegt im beruflichen Erfolg des Kindes.

In dieser Scheinwelt gibt es zwei Säulen, auf denen die Eltern ihre eigene Zukunft aufbauen:

1. Säule: Arbeit und Haushalt (Sicherung der liquiden Mittel)

2. Säule: die berufliche Ausrichtung der Kinder im Anstreben der drei Standardberufe: Arzt, Rechtsanwalt, Ingenieur

Alles andere wäre eine Gefährdung dieser Säulen. Manche Eltern sind nicht bereit, von ihren Ansichten abzuweichen, denn sie haben ihren eigenen Standpunkt und müssen diesen vor allem ihrem Bekanntenkreis und dem eigenen

Kulturkreis gegenüber vertreten. Ein unausgesprochener Wettbewerb findet statt.

Wie viele betroffene Kinder wollen einen solchen Konkurrenzkampf?

Die Konkurrenz im eigenen Kreis

Es entsteht ein Wettbewerb innerhalb der eigenen Kultur. Gefangen in einem ständigen Wettrennen, versucht die eine Familie die andere Familie zu überholen. Das oberste Gebot bei all dem ist, den Ruf der Familie zu schützen. Ist der Ruf erst einmal geschädigt, sind die Betroffenen automatisch aus dem Rennen.

Wie bereits erforscht, ist es das Neue, das Fremde, mit dem sich die Wettbewerbsmigranten nicht beschäftigen möchten. Würde der erste Schritt zu einer Annäherung an die deutsche Kultur gemacht werden, könnte ein erster Baustein gelegt werden für eine mögliche Integration in die deutsche Gesellschaft. Positive Eigenschaften könnten erlernt werden, wie zum Beispiel das Verständnis für die Werte eines Menschen, welche unter anderem auch eine der Grundlagen für ein gesundes Familienleben sind.

Viele Migranten erschweren sich durch ihre Verhaltensweisen den Integrationsprozess, wenn er überhaupt zustande kommt. Während in Deutschland Menschen ihr Lebensglück im Bund der Ehe und der Gründung einer glücklichen Familie definieren, hoffen manche Exil-Tamilen, ihr Glück in Reichtum und gesellschaftlichem Ruf zu finden.

Die Kinder sind die Auszuführenden des Ganzen und gleichzeitig diejenigen, die das Leid – von den Eltern ignoriert – auf emotionaler sowie auf rationaler Ebene tragen. Die Auswirkungen eines solchen psychischen Drucks äußern sich beispielsweise in der Pubertät, wenn es zu Meinungsverschiedenheiten kommt oder die Kinder anfangen, rebellische Verhaltensweisen an den Tag zu legen, welche die Eltern durch die Präsenz ihrer Hierarchie niederschlagen. Die in dem Verhalten der Kinder enthaltene Botschaft erreicht die meisten Eltern nicht, und daraus resultieren meines Erachtens die Erziehungsprobleme in den jeweiligen Familien. Im Laufe der Zeit nimmt das Kind eine Entwicklung, die die Eltern nicht mitleben und somit nicht nachvollziehen können.

Geld und Ruhm führen zu Einseitigkeit, während Liebe einen Menschen in seiner Gesamtheit reich machen kann. Die Folgen der Nichterfüllung der eigenen Bedürfnisse haben traurigen Charakter. Verbale Auseinandersetzungen enden in körperlicher Gewalt, weil betroffene Gewalttäter es nicht anders gelernt haben, ihre Gefühle zu bändigen. Frauen suchen Verständnis bei Gleichgesinnten ihres Kulturkreises – bei anderen Frauen, denen Ähnliches widerfährt – und geben im Austausch ihre Erfahrungen mit der zu Hause anhaltenden Gewaltsituation wieder. Eine wirkliche Änderung ihrer Lage erreichen sie nicht, da es in der Heimat zu den Gebräuchen gehört, auf bestimmte Reize mit Gewalt zu reagieren. Basierend darauf ergibt sich die traurige Wirklichkeit, dass die betroffenen Frauen durch ihr Stillschweigen indirekt das Verhalten ihrer gewalttätigen Männer tolerieren. Die Männer hingegen, die ja auch mit verletzten und unterdrückten Gefühlen kämpfen, suchen Trost im Alkohol oder im Zusammensein mit gleichgesinnten Männern, die ebenfalls in ihrer Ehe unzufrieden sind. Auch hier ein in sich geschlossener emotionaler Kreislauf zwischen Frau und Mann.

Dieselbe Methode wird an die Kinder weitergegeben. Auch sie werden bei verbalen Auseinandersetzungen mit Schlägen und verletzenden Worten behandelt. Das bewirkt bei den Kindern eine erneute Flucht, und zwar eine Flucht vor den verletzten Gefühlen. Um ihre Trauer zu verarbeiten, gehen sie mit ihren Problemen zu Freunden und Bekannten aus ihrer vertrauten Umgebung, um so wenigstens einen kleinen Trost zu erhalten. Allerdings ist die Suche nach dem erwarteten Trost auch nur ein vorübergehendes Pflaster auf die Wunden, die durch die Schläge und Worte der Eltern entstanden sind. Es kommt vor, dass selbst einheimische deutsche Freunde erschüttert und sprachlos sind, da sie derartige Umgangsformen aus ihrer eigenen Erziehung nicht kennen. Neben den schulischen Anforderungen sind die heranwachsenden Kinder belastet mit der Gefühlskälte und den brutalen Erziehungsmethoden der eigenen Eltern.

Die Kinder

Gehen sie zur Schule, so betreten sie eine Welt, in der die Meinungsfreiheit eines Schülers respektiert und ihm ein liebevoller Umgang beigebracht wird. Betreten sie das eigene Heim, so sehen sie eine Welt mit einer hierarchischen Struktur, in der es weder Meinungsfreiheit gibt noch

Rücksicht auf Gefühle genommen wird. Diese zwei Welten entstehen in einer konservativ aufgebauten Familienstruktur, wo die elterliche Hierarchie an oberster Stelle steht.

Die aufwachsenden Kinder machen ihre Erfahrungen, sobald sie die eine Welt verlassen und in die andere Welt gehen. Im Grunde genommen müssen die Kinder im frühen Alter lernen, zwei Persönlichkeiten zu entwickeln, wobei sich die eine Persönlichkeit in der deutschen – westlichen – Welt zurechtfindet und die andere in der tamilischen Welt. Dazwischen befindet sich das eigentliche Ich des Kindes.

Oft sind die kulturellen Ketten so fest, dass das eigentliche Ich des Kindes sich nicht entwickeln kann. Es gibt allerdings auch Familien, in denen die kulturelle Offenheit vorhanden ist und die Kinder in einer offenen Beziehung groß werden. Unter solchen Umständen ist die Entwicklung von zwei sich widersprechenden Persönlichkeiten ausgeschlossen, da die Kinder nicht im ständigen Wandel zwischen den Welten sind. Für einen solchen Prozess ist es Voraussetzung, dass die Eltern offen sind, neue Kulturen kennenzulernen. Solange dies nicht der Fall ist, trägt das Kind die Folgen einer hierarchischen Erziehung. Hinzu kommen Rassenkonflikte, die viele Migrationskinder in Schulen erleben, und andere Schwierigkeiten, mit denen sie in ihrem Alltag zu kämpfen haben.

Zu wem sollen die Kinder mit ihren Problemen und ihren Gefühlen gehen, wenn nicht zu den eigenen Eltern?

Selbst die geringste Andeutung eines möglichen Problems in der Schule würde manche Eltern dazu verleiten, ihr Kind zu verurteilen, anstatt sich mit dem eigentlichen

Problem zu beschäftigen. Die Suche der Eltern nach den Gründen – sollten Schwierigkeiten in der Schule auftreten – hat zur Folge, dass das Kind sich zurückzieht. Es vereinsamt und tritt seine Flucht in eine von ihm aufgebaute Welt an, eine Welt mit uneingeschränktem Feiern, dem Konsum von Alkohol, Rauschgift oder der Ausübung von Gewalt.

Auch ich war einst in kulturellen Kreisen integriert und bin teils sogar gern dort hingegangen. Manchmal sah ich diese Feierlichkeiten als eine Flucht an, in die ich mich begab, um vor den Problemen des Alltags zu fliehen. Ab einem gewissen Alter, als ich gelernt hatte, die Dinge auf ihre Richtigkeit zu hinterfragen, merkte ich, dass die kulturelle Welt, in der ich mich befand, nicht zu der westlichen Welt passte. Hierzu möchte ich einen bekannten Philosophen zitieren, dessen Zeilen mich auch heute noch auf allen Wegen und Entscheidungen meines Lebens begleiten:

„Habe Mut, Dich Deines eigenen Verstandes zu bedienen."
(Immanuel Kant, Aufklärer und Philosoph)

Die Intention dieses Ausspruches hat mir meine damalige Geschichts- und Deutschlehrerin Frau L. verdeutlicht. „Sich seines eigenen Verstandes zu bedienen, was genau heißt das?", fragte sie uns.

Eine einfache Frage, die mich doch zum intensiven Nachdenken anregte, damit ich die passende Antwort fand. Auf Anhieb fiel mir im Unterricht nämlich keine Antwort ein und ich folgte interessiert dem Vortrag und den Erklärungen meiner Lehrerin.

Vertrauen in sich selbst zu haben, war die Botschaft dieses Spruches, die wir Schüler auf unseren weiteren Lebensweg mitbekamen.

Die praktische Erkenntnis aus dieser Devise ergibt sich in unterschiedlichen Lebenssituationen, mit denen wir als Menschen konfrontiert werden. Wo es ankommt, ob wir unseren eigenen Verstand benutzen oder nicht, der uns den richtigen Weg zeigt.

So war es mein Verstand, der mir sagte, dass eine isolierte Welt im Kreise der Exil-Tamilen nicht mit meiner Welt und ihren Vorstellungen vereinbar war. Allerdings war diese Selbstbeobachtung auch nur möglich, weil ich das Hierarchie-Verhältnis zwischen Eltern und Kindern nicht im vollen Umfang kennengelernt hatte. Meine Ansichten über den Wandel der Welt und der Gesellschaft konnte ich nicht mit den Menschen teilen, die sich in den sogenannten Kulturkreisen befanden, weil ich mich nicht mehr mit deren Struktur identifizieren konnte.

Schnell wird man als „Anders-Denkender" oder „Außenseiter" angesehen und abgestempelt. Der Ausdruck „Fremder" könnte in diesem Fall auf mich selbst zutreffen.

In konservativen Kreisen gibt es ein Schema, nach dem man denken soll. Ein anderes Verhalten, welches nicht der allgemeinen Vorgabe entspricht, bildet den Nährboden für eine etwaige Schädigung des eigenen Rufes durch die in die Welt gesetzten Gerüchte. Ziel ist es, mit solchen Maßnahmen die Menschen aus dem eigenen Kreis dazu zu bringen, sich mit dem System vertraut zu machen und nach den festgesetzten Regeln zu leben. In diesem Zusammenhang leben viele Kinder in Angst und verbringen den größten Teil ihrer Freizeit in einer geschlossenen Gesellschaft, um in den eigenen Kreisen nicht auffällig zu werden.

Der Aufenthalt in Freien bei Dämmerung oder in der Nacht ist für ein junges Mädchen nach dem Gesellschaftskodex ein absolutes Tabu. Ein Bruch dieses Tabus würde für einen externen Beobachter aus dem Kulturkreis Grund genug sein, über die Familie des Mädchens zu lästern und falsche Gerüchte in die Welt zu setzen. Ob sie ihren Bus verpasst hat oder auf jemanden wartet, der sie abholt, interessiert in dem Moment wohl kaum. Schließlich befinden sich auch die Mädchen in Sri Lanka bei Dämmerung und in der Nacht nicht im Freien.

Diese in der Heimat herrschende Regel wird laut der kulturellen Vorschriften international auf die im Exil lebenden tamilischen Mädchen übertragen. Die Kinder nehmen die Funktion von Marionetten ein, deren Fäden die Eltern und die Gesellschaft in ihren Händen halten. Eltern wiederum sind die Marionetten der kulturellen Gesellschaft. Dieses Schauspiel wird kein Ende haben, wenn sich die Beteiligten nicht von jeglichen Zwängen trennen und sich nicht entscheiden, einen eigenen Weg zu gehen.

Schnell erkannte ich die eingeschränkte Denkweise und vor allem die unterdrückende Struktur der eigenen Persönlichkeit, was der Hauptgrund für mich war, mich von diesen Kreisen abzugrenzen. Ohne die Distanz wäre es mir heute nicht möglich, über die hierarchischen Strukturen zu berichten, ohne dabei Angst zu haben, von den eigenen Reihen ausgestoßen zu werden.

Die deutsche Gesellschaft

Selbst mancher Deutscher tut sich schwer, die eigene Kultur in Worte zu fassen. Zu Zeiten der Eltern – Nachkriegszeit in Deutschland – gab es eine eher konservative Lebenseinstellung, die heute noch in fremden Kulturen wiederzufinden ist. Der Gang in die Kirche galt damals als selbstverständlich und gehörte sogar als Teil der Erziehung dazu. Mädchen hatten sich in der Öffentlichkeit vornehm und zurückhaltend zu verhalten. Dazu kamen die typische Rollenverteilung zwischen Mann und Frau, der begrenzte Konsum von Alkohol bei Jugendlichen und der Umgang mit der Sexualität.

Mit all diesen Regeln wurde in der Vergangenheit behutsam umgegangen. Wie sieht es heute aus?

Verfolgt man einige Fernsehsendungen, so ist es keine Seltenheit, dass heutzutage das Wort „Scheiße" zu hören ist. Ein Massenkonsum von Sendungen wie „Big Brother" oder „Ich bin ein Star, holt mich hier raus!", in denen die Intimsphäre eines Menschen gebrochen und preisgegeben wird, ist für die heutige Konsumgesellschaft eine Art Selbstverständlichkeit geworden.

Wären solche Sendungen in der Nachkriegszeit denkbar gewesen?

Wie hätte die damalige deutsche Gesellschaft darauf reagiert?

Meine Antwort: Sicherlich entsetzt – und die Einschaltquote wäre nicht so enorm hoch gewesen, wie sie heute ist. Es war die Einstellung der damaligen Menschen, die die Werte für sich und ihre Umwelt definierten. Daraus entstanden eine Struktur und die entsprechende Kultur, in der die Menschen der Nachkriegszeit miteinander lebten. Der Beweis liegt in der Lebenseinstellung und Definition von Gesellschaftswerten in der Generation der heutigen Lehrer sowie in der ihrer Eltern. In ihrer Berichterstattung erklären sie, dass im Vergleich zu heute zu ihrer Zeit mit dem Leben und der damals vorhandenen Freiheit behutsamer umgegangen wurde. Es war eine Lebenseinstellung, die jeder akzeptierte, der in der damaligen Kultur lebte.

Wie kommt es dann, dass heute ein solcher Massenkonsum an unproduktivem Material im Fernsehen feststellbar ist?

Die Spur führt auf den negativen Wandel der heutigen deutschen Gesellschaft zurück. Werte und Lebenseinstellung der Menschen haben sich in den vergangenen zehn Jahren dermaßen verändert, dass wir nun vor einem solchen Produkt des endlosen und sinnlosen Konsums stehen.

Jugendliche, die Alkohol konsumieren, bis sie ihr Bewusstsein verlieren. Jugendliche, die in jungen Jahren schon Eltern werden. Wäre so etwas in der Vielfalt, wie sie heute gegeben ist, in der damaligen deutschen Gesellschaft vorstellbar gewesen?

Meiner Meinung nach sind wir selbst schuld am Verlust der gesunden Werte. Während „Respekt" oder „Höflichkeit" als selbstverständlich galten, sind diese Worte heute lediglich Adjektive. Nimmt man als Beispiel das Fest der Liebe: Weihnachten. Womit bringt man diese Feierlichkeit in Verbindung?

Geschenke für die Familie, die Freundin, Bekannte und so weiter. Geschenke, Geschenke …

Wie viele Menschen feiern an diesem Tag tatsächlich die Geburt Jesu Christi?

Vielleicht bringt der folgende Denkanstoß eines Pfarrers dem Leser die wirkliche Intention von Weihnachten etwas näher. Er stellte den Gläubigen diese Fragen am 1. Januar 2012 in der Heiligen Messe im Kölner Dom:

> *„Haben Sie die Geburt von Christus gefeiert?*
> *Was haben Sie in diesem Zusammenhang gemacht?"*
> *(Kölner Pfarrer)*

Eine berechtigte Frage an die gläubigen Christen. Beobachtend stellte ich fest, dass sich immer mehr Ältere in der Kirche wiederfinden, die die Messe zur Weihnachtszeit besuchen.

Ist der Glaube an Gott in den Herzen der heutigen Jugend fast schon ausgestorben?

Könnte der genannte Massenkonsum die Ursache dafür sein?

So mancher Jugendlicher vertritt beim Gang in die Kirche die Meinung: „Das ist doch uncool, was soll ich da."

Ist die heutige deutsche Gesellschaft geprägt vom ständigen Cool-Sein?

Was definiert sich unter diesem Vorwand „cool"? Der Besitz von Mobilfunkgeräten, der Konsum von Alkohol, der Austausch von Intimitäten im frühen Alter?

Durch die radikale Liberalisierung der Gesellschaft ist die Nebenwirkung eine unkontrollierbare Entfremdung von den deutschen Werten. Ein Vergleich mit der Scheidungsrate im Lande könnte diesen Wandel bestätigen. Ende der sechziger Jahre lag die Scheidungsrate bei zehn Prozent. Sie wuchs bis Ende 2010 auf vierzig Prozent an.

In diesem Kapitel möchte ich die Konzentration des Lesers auf den Verlust der alten Werte und auf das Innehalten lenken.

Könnten meine Vermutungen der Wahrheit entsprechen?

Leben wir heute wirklich in einer kapitalistischen und egoistischen Gesellschaft, wo das Wohl des Einzelnen oberste Priorität hat und nicht das Wohl der Gesamtheit?

Welcher Anteil der deutschen Gesellschaft denkt und lebt vor allem noch nach den „christlichen Werten"?

Die tamilische Gesellschaft

Auch hier möchte ich nochmals betonen, dass das Aufführen der folgenden Beobachtungen und Berichte ausschließlich auf meiner eigenen Erfahrung und dem Austausch mit betroffenen Jugendlichen beruht. In diesem Zusammenhang kann es durchaus möglich sein, dass sich der eine oder andere mit meiner Auffassung identifizieren kann oder auch nicht.

Beginnen will ich mit den traditionellen Feierlichkeiten, die in monatlichen Abständen bei den Exil-Tamilen stattfinden. Ein Teil davon sind die sogenannten „Pubertätszeremonien", die nach hinduistischem Brauch veranstaltet werden. Der Hintergrund dieser Zeremonie ist, den Beginn der Pubertät eines Mädchens zu zelebrieren, welcher in Form einer religiösen Zeremonie und Feier organisiert wird. Zunächst werden Frauen nach Hause eingeladen, die das junge Mädchen, welches gerade ihre erste Regelblutung erlebt, mit Wasser und anderen Gebräuchen segnen. Eine Vorstellung über den Ablauf dieser Rituale kann sich jeder auch vor Ort bei diesen Feierlichkeiten machen.

Nun will ich die neue Art dieses religiösen Brauches mit alten Traditionen vergleichen: Die heutigen zeremoniellen Pubertätsfeierlichkeiten werden hauptsächlich zur Präsentation des eigenen Wohlstandes der gastgebenden Familie veranstaltet. Das Wohl und der Wunsch des Kindes spielen eine eher sekundäre, wenn nicht sogar tertiäre Rolle. Auf die tatsächliche Meinung des Kindes, ob es eine solche Veranstaltung zur Präsentation seiner eingetretenen

Pubertät überhaupt wünscht, wird wenig Rücksicht genommen.

Der organisatorische Umfang liegt darin, dass große Hallen angemietet werden, um sie wie bei einer Hochzeit zu dekorieren. Mit einem großen Anteil an geladenen Gästen wird die Tochter in den Mittelpunkt des Geschehens gestellt. Bei diesen Veranstaltungen konnte ich gelegentlich eine gewisse Trauer in den Augen der Mädchen erkennen, die sich auch im Gespräch mit anderen Jugendlichen bestätigte. Die Mädchen wollen diesen Umfang an Publizierung ihrer Pubertät in Wirklichkeit nicht.

Im Gespräch mit meiner damals noch lebenden Mutter bekam ich zu hören, dass zu ihrer Zeit hauptsächlich die engsten Verwandten eingeladen waren und innerhalb der nächsten vierzehn Tage die zeremoniellen Gebräuche im kleinen und engen Bekanntenkreis zu Hause vollführt wurden.

In meiner Familie habe ich drei Schwestern. Ich möchte an unserem Beispiel den Wandel der traditionellen Gebräuche aufzeigen. Während bei meinen ältesten Schwestern noch die alten Bräuche zelebriert wurden, obwohl sie bereits in Deutschland lebten, wurde die religiöse Feier bei meiner jüngsten Schwester dem heutigen Konsumstandard entsprechend organisiert. Dies geschah durch die Anmietung eines Saals inklusive der Einladung externer Gäste. Auf einer Bühne wurde die traditionelle Zeremonie nach hinduistischem Brauch verrichtet. Traurig musste ich mir eingestehen, dass auch meine Eltern Opfer dieses Massenkonsums der tamilischen Gesellschaft geworden waren.

Inmitten der ganzen Organisation dieser Veranstaltung befand sich meine jüngste Schwester, die nach ihrer Meinung nicht gefragt worden war. Die folgende Aussage bestätigt ihren damaligen Gemütszustand:

„Ich will das Ganze gar nicht."

Eine klare Aussage. In vielen Fällen gehen diese Worte ins Leere und werden nicht wahrgenommen. Eine etwaige Veränderung und Modernisierung bestimmter Gebräuche stehen im Widerspruch zum konservativen System, welches von der Gesellschaft gelebt wird. Die Tradition wird in einem bestimmten Punkt durch die eigene Moderne verändert.

Warum löst man sich von dem schlichten und alten Gebrauch, der Kosten einsparen würde?

Sagen Ihnen die Begriffe „Kapitalismus" und „Egoismus" etwas? Kapitalismus in dem Sinne, dass durch eine enorm große Veranstaltung der finanzielle Status der Familie präsentiert wird. Das scheint fast noch wichtiger als das Tragen von Schmuck und teuren Gewändern wie Sarees oder Vetti.

Egoismus in dem Sinne, dass im Vordergrund nicht das Wohl des Kindes steht, sondern die Durchsetzung des Willens. In dem Falle des Willens der Eltern, denn diese sind schließlich durch eine solche Feierlichkeit in der Verantwortung, dass alles so abläuft, wie sie es sich wünschen, mit dem Ziel, dass die Augen der Gesellschaft in dem Moment auf sie gerichtet sind.

Fälle, in denen Mädchen für mehrere Stunden auf der Bühne standen, ohne zuvor etwas gegessen oder getrunken zu haben, sind in der Vergangenheit keine Seltenheit. In einer Veranstaltung soll es sogar zu einem Todesfall gekommen sein. Hintergrund war das nasse Haar des Mädchens. Sie hatte es Stunden zuvor gewaschen, um sich für ihren „Auftritt" auf der Bühne vorzubereiten. Tagelang kümmerte sich niemand um die Lungenentzündung, die sie sich dabei einhandelte. Weitere Beispiele sind ein Beleg dafür, dass die wahre Intention dieses Brauches in der breiten Masse der tamilischen Gesellschaft verloren geht. Die Modernisierung ist so weit fortgeschritten, dass den Gästen zu dieser Feierlichkeit sogar Kuchen und Torten gereicht werden. Meine Behauptung hinter diesem Chaos in der Tradition der Hindus würde ich im ständigen Wettbewerb sehen, unter der viele Exil-Tamilen leben. Anders kann ich einen so enormen Kostenaufwand und die Sinnentfremdung nicht erklären.

Oberste Priorität im tamilischen Gesellschaftssystem ist es, den familiären Ruf und den eigenen Status in der Gesellschaft um jeden Preis aufrechtzuerhalten und darauf zu achten, dass dieser nicht durch irgendein Fehlverhalten beschädigt wird. In diesem System gelten die gleichen Regeln für alle. Die Fesseln der Gesellschaft, aus denen sich weder die erste Generation noch die Generation der Kinder ohne Weiteres lösen.

Mitten in diesem Dilemma finden sich die verletzten Gefühle des Kindes. Kulturelle Normen sind die Basis dafür, das Kind auf seine Zukunft vorzubereiten.

Der Zwiespalt betroffener, noch zu Hause wohnender Kinder ist wie eine Art psychische Folterkammer. In der hiesigen Gesellschaft gibt es für ein Kind Rechte wie Meinungsfreiheit, Würde und so weiter. Dazu ein Auszug aus dem Grundgesetz aus der Verfassung der Bundesrepublik Deutschland, in dem es heißt:

Paragraph 1, Absatz 1: „Die Würde des Menschen ist unantastbar."

Diesen Abschnitt bekommen alle in Deutschland zur Schule gehenden Kinder in seiner Bedeutung gründlich erklärt.

Wie sieht die Befolgung dieses Absatzes innerhalb der eigenen Kultur aus?

Dort gewinnen manche Kinder die traurige Erkenntnis, dass gerade diese Grundrechte eines Menschen mit einer unverfrorenen Selbstverständlichkeit von den eigenen Eltern niedergetreten werden. Vielmehr sollen sich die Kinder bis zur Erreichung eines nach dem Gesellschaftsbild anständigen Berufes der Hierarchie-Devise der Eltern beugen.

Für betroffene Kinder gibt es nach dem Gesellschaftskodex zwei Grundprinzipien, an die sie sich zu halten haben:

1. Befolgen aller Regeln nach dem Gesellschaftsbild
2. Unterordnung unter das Hierarchie-System der Eltern

Dazwischen befindet sich die Psyche der betroffenen Kinder, die in ständiger Anspannung und mit großem

Kraftaufwand unter den schweren Bedingungen der Erziehung leiden. Betroffene können oft nicht entscheiden, zu welcher Welt sie gehören. Nach außen hin macht sich im Laufe des Lebens eines betroffenen Kindes die Entwicklung einer gestörten Psyche bemerkbar. Von der Gesellschaft verurteilt leiden sie oft unter den Folgen dieser Entwicklung und dem daraus entstandenen schlechten Ansehen.

Der verkrüppelte Baum zeigt auf den schlechten Boden, auf dem er gedeiht.
Die Vorübergehenden aber schimpfen ihn einen Krüppel.
(Bertolt Brecht, Dichter)

Brecht beschreibt in seinen Worten das gängigste Verhalten von Menschen, die andere aufgrund ihres Zustandes, in dem sie sich gerade befinden, verurteilen, ohne nach den Ursachen zu forschen. So sehe ich auch in der negativen Entwicklung eines Kindes die Ursachen in den Umständen, unter denen es in seiner Kindheit aufwächst. Kein Mensch kommt mit einem ausgereiften Charakter auf die Welt. Er wird lediglich zu dem, was Schicksalsschläge seinem Leben vorbestimmen. Das Elternhaus ist eine der wichtigsten Stationen im Leben eines Kindes. Aus ihm entwickelt sich sein weiterer Charakter. Ist dieses Elternhaus und damit gleichzeitig die Erziehung aufgrund bestimmter Einflüsse geschädigt, so ist es nicht verwunderlich, wenn manche Kinder ihre ihnen vorbestimmte Laufbahn verfehlen.

Die hiesige Welt ist eine Plattform voller Entfaltungsfreiheit mit wenigen Grenzen zur eigenen Freiheit, wohingegen die Welt der im Exil lebenden Tamilen eine Welt ohne diese Rechte ist, gleichzeitig aber eine Plattform für unendliche bunte Feierlichkeiten mit modernisierten hinduistischen Traditionen und Gebräuchen darstellt.

Was merken wir an dieser Stelle?

Es ist eine Welt voller widersprüchlicher Gesichtszüge. Die zwei Welten locken jeweils mit ihren Vorteilen. Wie sollen betroffene Kinder, die zwischen diesen Welten aufwachsen, in einem solchen Zwiespalt die richtige Entscheidung treffen?

Sein ganzes Leben lang wird man in seiner Entscheidungsbefugnis manipuliert, die eigene Persönlichkeit wird wie bei einer Chipkarte bereits während der Erziehung programmiert. Folglich kommt es zu einer heranwachsenden Struktur des Selbstzweifels und zugleich einer automatischen psychischen Abhängigkeit von den Eltern und dem Gesellschaftskodex.

Folgende Grundregeln sollten in einer hierarchischen Familienstruktur und einem konservativen System befolgt werden:

1. Das Anstreben der folgenden Berufe: Arzt, Anwalt, Ingenieur – oder Berufe, die ein Überdurchschnittliches an Einkommen erzielen.
2. Keine Teilnahme an westlich orientierten Jugendfeierlichkeiten wie Stufenpartys, Discos oder abendliche Veranstaltungen, die bis spät in die Nacht gehen.

3. Die strikte Befolgung des perfekten Idealbildes als „guter" Junge oder „gutes" Mädchen.

4. Kein Widersprechen gegenüber den Eltern oder älteren Personen, auch wenn man anderer Meinung ist als sie.

5. Kein unabhängiger und eigenständiger Wille, welcher zu einem eigenen Weg führen könnte.

6. Erreichung von Spitzenleistungen in der Schule im Notendurchschnitt, der sich im Bereich von „Sehr gut" und „Gut" bewegt.

7. Freizeitgestaltung in Form von Ausflügen innerhalb der eigenen Familie oder Bekanntschaft.

Es kann durchaus sein, dass ich in diesem Buch allzu kritisch mit dem konservativen System der tamilischen Gesellschaft umgehe. Auch hier noch einmal die Erläuterung, dass meine Beobachtungen auf Berichterstattungen beruhen, die auf der persönlichen Ebene und im Austausch von Erfahrungen mit betroffenen Jugendlichen gemacht worden sind.

Manch Betroffener ist sich im Innern darüber im Klaren, dass er als nicht „freier" Mensch zwischen den Welten wandert. Das Schlimme ist die Tatsache, mit ansehen zu müssen, wie die Mitmenschen aus der westlichen Welt „frei" sind, während betroffene Kinder sich in einem psychischen Glashaus befinden, aus dem sie sich nicht befreien können. In diesem Zusammenhang ist der Ausbruch einer psychischen Krankheit in manchen Fällen bereits vorprogrammiert. Es ist eine Frage der Zeit, bis der Ausbruch sich bemerkbar macht. Dabei gibt es unterschiedliche Erscheinungsbilder. Während manche versuchen, mit Selbstmordgedanken oder tatsächlichem Suizid ihr psychisches Leid einzudämmen oder zu beenden, versuchen andere, ihr Heil im Konsum von Alkohol und anderen Drogen zu finden.

Die Betroffenen wollen mit diesen Methoden erreichen, für eine kurze Zeit ihre gedankliche Ruhe genießen zu können. Die meisten merken jedoch nicht, dass diese Form der Eigentherapie zu einer neuen Abhängigkeit führen kann. Ein Suchtverhalten nistet sich ein. Hinter diesen Verhaltensweisen steckt ein Hilferuf, mit dem die Jugendlichen sich aus ihrem Glashaus befreien wollen. Dieser versteckte Ruf wird von der Außenwelt nur leider nicht immer als solcher wahrgenommen. Die kurze Flucht ist keine Therapie, die dauerhaft und langfristig ist. Ist der Rausch des Schmerzes durch fehlgeschlagene Suizidversuche oder Alkohol vergangen, kehrt die alte Welt wieder zurück und die Betroffenen befinden sich im gleichen Kreislauf wie zuvor. Die Erkenntnis, die manche dabei machen, ist die Wiederkehr in die Folterkammer ihres Glashauses.

Ratsam ist es, sich in solchen Fällen auf die professionelle Hilfe eines psychologischen Therapeuten oder anderweitiger sozialmedizinischer Einrichtungen zu vertrauen. Diese speziell ausgebildeten Menschen können Betroffenen zu einer dauerhaften Lösung verhelfen.

Die tamilische Jugend

Die Natur eines heranwachsenden Mannes sieht in der westlichen Welt wie folgt aus: rausgehen, toben, schreien, rebellieren, Ärger bekommen, sich sportlich verausgaben und nach all dem zur Ruhe zu kommen.

Dieses Konzept oder in diese Richtung gehende Verhaltensweisen kann man in der Entwicklung eines heranwachsenden deutschen Jugendlichen in der heutigen Zeit verfolgen. Ziel und Vorteil dieses Auslebens sind es, dass die Jungen sich weiterentwickeln und entfalten können, um im Erwachsenenalter keinen Nachholbedarf mehr zu spüren.

Die Erziehung tamilischer Jungen sieht in manchen Fällen folgendermaßen aus: lernen, lernen, lernen, sich sportlich betätigen, Gehorsam gegenüber den Eltern zeigen. Jegliches Rebellieren wird mit Gewalt niedergeschlagen. Die Unterdrückung der Triebe bedeutet – mit Hinweis auf das Idealbild der Gesellschaft –, keinen offiziellen Kontakt zu Mädchen, also keine Freundin zu haben, keine abendlichen Aktivitäten und vieles mehr. Aus diesen Erziehungsmethoden folgt, dass die meisten betroffenen Jugendlichen entweder einen falschen Weg einschlagen oder für ihr restliches Leben die Rolle einer Marionette übernehmen.

Bildlich beschrieben würde ich es mit folgenden Worten ausdrücken: Es ist wie ein Damm, der sich mit den Jahren immer weiter füllt und irgendwann bricht. Und niemand, nicht einmal die Betroffenen selbst, können das aufhalten.

Am Ende eines solchen Szenarios wundern sich manche Eltern, warum ihr Kind aus der Bahn geraten ist. Die Gründe hierfür werden im negativen Umfeld oder bei anderen gesucht. Nur in wenigen Fällen suchen und finden die Eltern die Gründe in ihrer eigenen Erziehungsmethode, also bei sich selbst. Welcher Elternteil gesteht freiwillig, dass er Fehler in der Erziehung seines eigenen Kindes gemacht hat? Eine solche Selbstkritik beinhaltet das Eingestehen von Fehlern, aber das ist in einem hierarchischen System nicht gegeben.

Manche tamilische Jungen, die in einem strengen und konservativen System leben, wachsen mit einer gestörten Psyche auf. Durch die strikte Unterdrückung ihrer persönlichen Entfaltungsfreiheit kommt es zu der Entstehung einer psychischen Lücke. Eine vernünftige Umgangsform mit dem weiblichen Geschlecht können sie offiziell zu keinem Zeitpunkt erlernen. Eine solche Methode hat zur Folge, dass in den weiteren Jahren die sexuelle Befriedigung an oberster Priorität steht, was manche unbewusst belastet. Man begibt sich auf die Suche nach dem Weltbild des Mannes. Wie eine gewöhnliche Beziehung funktioniert, bei der Zuneigung und Liebe wesentliche Bestandteile sind, wird den Jungen eher nicht vermittelt. Sie haben diesbezüglich keine Vorbilder in ihren Familien. Nicht besonders verwunderlich, wenn einem der „Beziehungsalltag" der Eltern vorgehalten wird.

Ich bin mir sicher, dass Ausnahmen diese These widerlegen. Mein Fokus richtet sich speziell an die betroffenen Menschen, die sich hauptsächlich in diesem Gesellschaftskreis aufhalten und deren wahres Ich darin herumirrt.

Wie sieht die Situation bei den Mädchen aus?

Nicht sehr anders! Sie befinden sich ebenfalls in diesem emotionalen und rationalen Dilemma. Manche betroffene Mädchen jedoch rebellieren nicht gegen die Eltern, sondern tragen stattdessen ihr seelisches Leid mit sich, bis es eines Tages in Form von psychosomatischen Verhaltensweisen zum Vorschein kommt. Gerade als Mädchen bekommt man eine enorme Last auf den Rücken gelegt, welche die meisten im Laufe der Jahre nicht mehr tragen können. Die Last zum Beispiel, die Verantwortung für die jüngeren Geschwister zu tragen und für das Wohl der Familie zu sorgen. Die Erledigung von Verwaltungsarbeiten und dergleichen geht meistens zulasten der Kinder. Man kann sagen, dass sie neben ihrem Alltagsstress den Stress bei der eigentlichen Arbeit aufgrund des Sprachdefizits der Eltern teilen müssen.

An Wollen ist nicht ansatzweise zu denken. Mit Konsequenzen möchten die Kinder bei einer Nicht-Erledigung der häuslichen Arbeiten nicht konfrontiert werden und folgen zumeist den Anweisungen der Eltern.

Aus den besonders empfindlichen Gefühlen eines Mädchens lässt sich eine traurige Beobachtung ableiten: Einige von ihnen haben so gut wie keinen seelischen Zugang zu ihren Vätern. Da die Väter sich hauptsächlich damit beschäftigen, den Unterhalt für die Familie zu verdienen, und kaum Zeit haben, sich ausführlich mit möglichen Erziehungsmethoden auseinanderzusetzen, geht die Bindung zu den Töchtern verloren. Vielleicht ist ein solches Verhalten von Vätern auf ihre eigene Erziehung in Sri Lanka zurückzuführen. Eine Erziehung ohne jegliche liebevolle Geste und emotionale Nähe der Eltern. In der deutschen Erziehung ist es kein Vergehen, die eigenen

Kinder zu umarmen und zu sagen, dass man sie lieb hat. In einer konservativ hierarchischen tamilischen Erziehung würde diese Geste als „komisch" oder „seltsam" angesehen werden, da man sie selbst aus der Heimat im eigenen Umgang nicht kennt. Es ist eine emotionale Lücke zum eigenen Vater, mit denen die Töchter aufwachsen. So gesehen könnte eine solche Lücke in der Psyche eines jungen Mädchens ein gestörtes Verhältnis zu der Männerwelt bewirken.

Eine erfahrene Psychologin erklärte mir einst:

„Der erste Kontakt zu einer Frau oder einem Mann ist der Kontakt zum eigenen Vater oder zur Mutter."

Wie soll ein Kind eine gesunde Bindung zu einem Mann oder einer Frau aufbauen können, wenn die Bindung zum eigenen Vater oder der Mutter beschädigt ist?

Mädchen, die unter einem solchen Defizit leiden, zeigen ihre emotionale Lücke, die sie aus ihrer eigenen Kindheit mitbringen, spätestens in der Beziehung zu einem Partner. In dem Fall könnte es zu einem enormen Aufmerksamkeitsdefizit kommen, unter dem sie ständig leiden. Sie könnten versuchen, eben diese Aufmerksamkeit aufzuholen, die sie in ihrer Kindheit von ihrem Vater nicht erhalten haben und die sie sich in der Begegnung mit einem Jungen beziehungsweise einem Mann erhoffen.

Gerade ein Mädchen ist mit Respekt und vor allem sensibel zu behandeln. Wenn dies weder durch den Vater noch durch die Mutter in der Erziehung erfüllt wurde, tragen die

Eltern einen wesentlichen Beitrag dazu, dass ihr Kind im Leben eine tiefe Narbe mit sich trägt.

Wenn Sie eine Leserin sind, die sich in dieser Passage angesprochen fühlt, wenn in diesem Moment Gefühle in Ihnen hochkommen, wenn Sie realisieren, dass Sie innerlich unter einer solchen emotionalen Lücke, die in der Kindheit begründet liegt, leiden, dann rate ich Ihnen, sich therapeutische Hilfe zu suchen. Diese ausgebildeten Menschen können Ihnen helfen, diese und auch andere Narben zu heilen oder zu lernen, mit ihnen zu leben.

Ist keine emotionale Nähe zu beiden Elternteilen gegeben, wendet man sich mit seinen Gefühlen nach außen. Manche Mädchen gehen mit ihren Sorgen zu ihren Freunden oder Bekannten und hoffen, den ersehnten Trost zu bekommen. Um weiteren Verletzungen und Enttäuschungen aus dem Weg zu gehen und sich zumindest Gehör für ihre Gefühle zu verschaffen, vertrauen sie sich ihrem Freundeskreis an, der meist auch nur zuhören, aber die Lücke nicht vollständig füllen kann. Die Nähe, die eine Mutter oder ein Vater dem eigenen Kind gegenüber zeigen kann, kann niemand sonst vermitteln. Umso schmerzlicher ist für manche Betroffene die Erkenntnis, dass sie bereits im frühen Alter mit ihren verletzten Gefühlen und Gedanken allein dastehen.

Welche Funktion eine Marionette innerhalb einer geschlossenen Gesellschaft bei den Betroffenen einnimmt, möchte ich hier noch etwas genauer erläutern: Eine Marionette fragt man nicht nach ihren Gefühlen oder ihrer Meinung.

Sie spielt, wie die Fäden, die Zügel in der Hand des Puppenspielers, es vorgeben und kontrollieren. Im übertragenen Sinne heißt das: Die Eltern und die Gesellschaft haben die Zügel für das Schicksal des jeweiligen betroffenen Kindes in der Hand, bis für sie selbst das Schauspiel als beendet gilt.

Dass die betroffenen Kinder sich irgendwann eigenständig der Fäden entledigen, kommt nicht allzu häufig vor. Um sich aus den Fäden der Gesellschaftsstruktur zu befreien, braucht es eine ordentliche Portion Mut, Selbstbewusstsein und Durchhaltevermögen, und vor allem darf man keine Angst haben! Einigen gelingt diese Flucht in die Ferne und sie beginnen, Stück für Stück ihr Leben zu leben, welches sie zuvor jahrelang für die Eltern und die Gesellschaft gelebt haben. Die Folgen für diese Ausreißer ist der Ausschluss aus der Gesellschaft. Der Preis ist es wert, wenn es darum geht, seine Persönlichkeit zu entwickeln – ohne jegliche kulturelle Zwänge.

Denn Freiheit steht jedem Menschen zu.

Die arrangierte Hochzeit

Seit einigen Jahren geht der Trend durch die tamilische Gesellschaft, in jungen Jahren so früh wie möglich den Bund der Ehe zu schließen, um so die größte Hürde im Leben überwunden zu haben. So lautet die These der Eltern und der Gesellschaft. Unabhängig davon, ob die Kinder dazu bereit sind oder die Voraussetzungen dafür erfüllen, wird diese absonderliche Form im Ausland praktiziert.

Hierzu bediene ich mich des Gesellschaftskodex, der eine strikte Befolgung der Regeln vorsieht. Dazu gehört bei einer anstehenden, vielleicht auch ungewollten Eheschließung die Befürwortung des Entschlusses der Eltern. Diese „jungen Ehen" bieten oft auf Dauer keine Langzeitwirkung. Mit der Hochzeit sehen die Eltern ihre Pflicht als Elternteil erfüllt und legen für sich eine psychische Last ab. In einem Haus, in dem Töchter sind, ist der Druck der Vermählung auf die Kinder seitens der Eltern und der Gesellschaft besonders groß, denn der Nährboden für Außenstehende, Gerüchte in die Welt zu setzen, ist bei einer Nicht-Vermählung klar gegeben.

Die wichtigste Grundlage für den Bund zweier Menschen sind die Verständigung und das gegenseitige Kennenlernen der Charaktere.

Wie sollen die Partner sich kennenlernen, wenn sie in der ersten Phase ihres Zusammentreffens schon zusammenleben müssen mit all den Pflichten, die ein erfahrenes Ehepaar zu tragen hat?

Zumal gilt es in Sri Lanka als eine Schande, wenn eine Frau dauerhaft unverheiratet bleibt. Ganz gleich, ob sie mit ihrem Leben glücklich ist oder nicht. Eine alleinstehende Frau würde nach der tamilischen Ansicht als Problemfall gelten. Mit der Hochzeit verbinden die Eltern eine Art der „Problemlösung für alles". In dieser Illusion leben immer noch viele Tamilen in Sri Lanka und im Ausland. Der Partner, in dem Fall der zu heiratende Mann, hat automatisch mit dem Bund der Ehe den Bund der Probleme geschlossen, die die Frau aus ihrer Familie mit in die Ehe bringt. Das können finanzielle oder auch seelische Probleme sein. Nach dem Jawort ist jedes dieser Probleme auch Sache des Mannes. Dass dies in der möglichen Fülle zu einem Chaos führen kann, davon ist auszugehen. Das eigene Glück wird beim Partner gesucht, was meiner Ansicht nach der falsche Weg ist. In dreijähriger psychotherapeutischer Eigentherapie konnte ich feststellen und lernen, dass jeder Mensch für sein eigenes Wohlbefinden verantwortlich ist. Hierzu das folgende Zitat, welches sicherlich schon viele von Ihnen einmal gehört oder gelesen haben:

„Jeder ist seines eigenen Glückes Schmied. – Faber est suae quisque fortunae."
(Lateinisches Sprichwort)

Warum überträgt man dieses Zitat nicht auf die Eheschließung?

Es wird heute noch in der tamilischen Gesellschaft von einigen Verfechtern die falsch interpretierte Tradition der sogenannten „Mitgift" bei einer Eheschließung angewendet. Wer seine Tochter verheiratet, hat an die Familie des Bräutigams eine sachliche oder auch finanzielle Mitgift zu entrichten. Andernfalls kann es nicht zu einer Vermählung kommen. Je nach Berufsstand des Bräutigams geht es um Summen in Höhe von mehreren Tausend Euro. Einen festen Betrag kann ich nicht aufstellen, da es von Familie zu Familie unterschiedlich gehandhabt wird. Doch Fakt ist, dass dieser Brauch von manchen „missbraucht" wird, um den eigenen finanziellen Status zu verbessern. Ob das frisch vermählte Paar etwas von dem Geld abbekommt, ist eine offene Frage, die ich dem Leser an dieser Stelle ohne Antwort überlasse.

Diese Tatsache demonstriert, was für eine enorm wichtige Rolle Geld in der tamilischen Gesellschaft spielt und welchen Einfluss es auf die jeweiligen Menschen hat, die dieses Mittel als oberste Priorität in ihrem Leben ansehen.

Der Einfluss der Filmindustrie

Filme verlaufen oft nach demselben Schema: Zwei junge Leute verlieben sich, der Mann kämpft um die Liebe der Frau und gewinnt sie. Dann sind es die Familien, die die Partner nicht akzeptieren. Es kommt zu einem Krawall und am Ende gewinnt die Liebe. Das Paar vermählt sich.

Eine ganze Reihe solcher Filme gibt es mittlerweile auf dem Markt. Zwischen den Liebesszenen kommt häufig brutale Gewalt zum Ausdruck, um den Massenkonsumenten zu beeindrucken. Der wirkliche Bezug zur Realität geht in der Welt der tamilischen Filme verloren. Durch deren Konsum verlieren selbst verzweifelte junge Leute den Bezug zur Realität und haben dadurch Schwierigkeiten, sich in der westlichen Welt zu integrieren. Die Welt zu Hause ist nicht mit der Welt im Film vergleichbar.

Brutale Gewaltszenen in tamilischen Filmen sind eine wichtige Ursache für unkontrollierte Gewalt bei Jugendlichen. Diese kommt durch den ständigen psychischen Druck zustande, unter dem die Jugendlichen stehen,

zusammen mit der Konfrontation der eigenen Gewalter-
fahrung in ihrem Zuhause. Die Verlockung der Nachah-
mung solcher im Film nachgestellten Szenen ist groß.
Persönlich kenne ich wenige Filme, in denen Gewalt nicht
auf irgendeine Art und Weise veranschaulicht wird.

Gerade aufgrund durch Gewalt traumatisierte Menschen,
die bereits aus einem Kriegsgebiet wie Sri Lanka geflohen
sind, werden durch den Konsum von Gewaltszenen
indirekt erneut in ihr traumatisiertes Erlebnis geschickt.
Dahingehend kommt es vor, dass Exil-Tamilen, die ein
selbst erlebtes Kriegstrauma nicht verarbeitet haben, nicht
wissen, wie sie mit ihren Emotionen richtig umgehen
sollen. Eine Konfrontation in Streitsituationen, wo es gilt,
seinen Zorn und die Wut unter Kontrolle zu halten, ist
eine große Herausforderung für betroffene traumatisierte
Menschen. Viele neigen schnell zu Gewalt und unkontrol-
lierbarem, verbalem Ausdruck, weil sie sich aufgrund des
ständig kreisenden Gefühlschaos anders nicht zu helfen
wissen. Vielmehr liegt eine innere Verletzung vor, die
selbst von den Betroffenen ignoriert wird, da der Männer-
kodex nicht erlaubt, dass man sich mit seinen verletzten
Emotionen – selbst wenn ein Kriegstrauma dahintersteckt
– auseinandersetzt.

Es gibt viele Ehen, in denen die Frauen Zeugen von
Gewaltausbrüchen in Streitigkeiten mit ihren Ehemännern
werden. Für diese Frauen gilt es, sich an die Regeln des
Kodex zu halten, der inoffiziell vorschreibt, die Schläge
des Ehemannes zu akzeptieren und zu lernen, damit zu
leben. Eine geschlossene Ehe darf keinesfalls auseinander-
gehen, schon gar nicht aufgrund von Gewalt. Betroffene

Frauen versuchen, das Verhalten des Ehemannes mit Stress bei der Arbeit und dergleichen zu begründen. So liefern die Frauen den Tätern immer wieder eine weiße Weste, und die Männer können jederzeit beliebig ihr Handeln ohne schlechtes Gewissen fortführen. Ein in sich ständig wiederholender Teufelskreis, aus dem sich die betroffenen Frauen nicht allein herauszuhelfen wissen.

Man erkennt, dass selbst die Eltern sich in einem sogenannten Glashaus der gefangenen Emotionen befinden. Die Männer mit ihren verletzten und unterdrückten Gefühlen, die sich anstauen und irgendwann zum Ausbruch kommen. Und die Frauen mit ihren ebenfalls verletzten Gefühlen, die sich wie bei ihren Männern anstauen und zum Ausbruch kommen, wenn sie sich mit ihren Kindern streiten. Die Methode wird wie eine Kettenreaktion weitergegeben. Der Mann schlägt die Frau, die Frau schlägt die Kinder und die Kinder schlagen sich draußen.

Als Heilmittel gegen Kummer bieten sich kulturelle Programme an. Die sogenannte Scheinwelt, in der alles farbenfroh und mit lauter Musik geschmückt ist, ist ein idealer Zufluchtsort für das Leiden der Betroffenen, an dem sie stundenweise verweilen. Dass eine solche Zuflucht keine gesunde Lösung für die menschliche Psyche ist, ignorieren die meisten. Auch wenn es für einen kurzen Augenblick vom Schmerz ablenkt, so kehrt dieser jedoch spätestens beim nächsten Streit zurück. Die Verletzungen summieren sich Stück für Stück. In tamilischen Filmen gibt es Szenen zu sehen, in denen der Vater die eigene Tochter schlägt. Das Schlagen wird mit bestimmten, nicht dem Gesellschaftsbild entsprechenden Verhaltensweisen der Tochter begründet. Der Zuschauer erhält auf diese Weise grünes

Licht für sein Handeln und die Rechtfertigung für sein eigenes Gewissen.

Auch die Veranschaulichung des Kastenwesens wird zum Teil indirekt toleriert. Da zeigt sich in den Filmen beispielsweise der enorme Unterschied zwischen Arm und Reich und die damit verbundenen Schwierigkeiten bei einem Paar, welches sich aus diesen unterschiedlichen Kreisen verliebt und seine Beziehung offen zeigen will. Gesellschaftlich ein Gräuel, dass ein armer Junge aus einer niedrigeren Schicht – in Indien/Sri Lanka würde es Kaste heißen – ein reiches und schönes Mädchen aus der höheren Schicht heiratet.

Der Zuschauer bekommt neben seiner erzieherischen Prägung, die in seiner eigenen Kindheit begründet liegt, die Bestätigung auf der Leinwand, dass sein Denken im vollen Umfang gesellschaftlich und moralisch vertretbar ist. In diesem Zusammenhang ist es kein Wunder, dass das Kastenwesen selbst im Ausland indirekt noch toleriert und praktiziert wird.

Das Kastenwesen

Hinter diesem Wort verbirgt sich die Unterteilung von Menschen in Klassenschichten, die sich jeweils nach ihrem Berufszweig richtet. So gehört jemand, der eine Reinigung betreibt, der unteren Gesellschaftsschicht an. Diejenigen, die sich in höheren Berufsfeldern befinden, dürfen nichts mit denen aus der unteren Schicht zu tun haben. Umgekehrt gilt Gleiches. In Sri Lanka, dem Gebiet Jaffna, Ortsteil Nallur, gab es damals sogar einen Minister, der ein

bisher unausgesprochenes Gesetz vertrat, welches folgendermaßen lautete:

„Diejenigen aus der unteren Kaste dürfen den Tempel nicht betreten."
(Ex-Minister, Nallur, Sri Lanka)

Diese Information erhielt ich bei meiner Reise nach Sri
Lanka im Jahre 2003 von einem Einheimischen. Auch die
Vermietung von Wohnungen an Menschen aus der unteren Kaste in der Nähe des bekanntesten Hindu-Tempels
„Nallur Kandaswamy Temple" in Jaffna/Sri Lanka war
damals strikt verboten. Zwar hat sich diese Regel durch
den Ausbruch des Bürgerkrieges geändert, doch ist der
Grundgedanke in den Köpfen der Menschen immer noch
tief verankert. Mit dem Kastenwesen wird unter anderem
ein offizieller Wettbewerb unter den Menschen ausgelöst.
Hierbei gilt es, dass diejenigen aus der höheren Kaste
automatisch mehr Rechte und Ansehen genießen dürfen
und auch können als diejenigen aus der unteren Schicht.
Im wahrsten Sinne des Wortes ist so etwas mit dem Wort
„Diskriminierung" in Deutschland definierbar, was ich an
dieser Stelle deutlich unterstreichen möchte.

Der Leser wird nun erkennen, dass selbst in Ländern wie
Indien oder Sri Lanka derart menschenverachtende Methoden herrschen. Bislang wurde meistens nur die Diskriminierung gegenüber Ausländern in der westlichen Welt
thematisiert. Dabei wird die eigene Diskriminierung im
eigenen Volk übersehen, die vielleicht noch schmerzlicher
ist als die unter Fremden?!

Wie mag sich ein Mensch fühlen, der sein Leben lang aufgrund seiner Geburt und seiner „Kaste" in der Gesellschaft nichts wert ist und es zu nichts bringen kann, weil es die Gesellschaft ihm verbietet?

Schrecklich, eine solche Vorstellung. Noch schrecklicher ist es für mich zu sehen, dass es immer noch Menschen gibt, die der festen Überzeugung sind, dass das alles seinen Grund hat. Es ist nachzuvollziehen, wenn Menschen nicht die Möglichkeit gegeben ist, sich in den eigenen Kreisen zu integrieren, dass sie ihren eigenen Kreis mit ihrer eigenen Kultur aufbauen und sich von der eigenen Kultur isolieren.

Durch das Kastenwesen ist die tamilische Gesellschaft zersplittert. Die Blockade gegen ein Zusammengehörigkeitsgefühl ist somit gegeben. Die Tatsache, dass sich Glaubensrichtungen wie das Christentum oder der Islam in Sri Lanka etabliert haben, kann auf die Grundlage des Kastensystems zurückgeführt werden. Die meisten Verfechter begründen dieses Kastensystem mit dem Hinduismus. Aus dieser Tatsache folgten viele Rechtfertigungen für manche menschenverachtende Taten.

In Südindien bewirkte einst der zur Priester-Kaste zugehörige Revolutionär und Dichter Chinnaswami Subramanya Bharathi einen entscheidenden Wendepunkt im Kastenwesen. Er tat das, was aus der damaligen Sicht der Gesellschaft ein absolutes Tabu war, denn er widmete sich den „Unberührbaren" und aß seine Mahlzeit zusammen mit ihnen an einem Tisch.

Die Menschen aus der unteren Kaste konnten ihn sogar zu Hause besuchen, was sie auch taten. Mit seinem Verhalten und Handeln wollte Bharathi der Gesellschaft zeigen, dass selbst Menschen aus unteren Gesellschaftsschichten die gleichen Rechte haben durften wie ihre Mitmenschen aus der höheren Kaste. Für den Revolutionär gab es nur zwei Kasten, nach denen er die Menschen betrachtete. Die einen, die gebildet waren, und die anderen, die es nicht waren.

„There are only two castes in the world: one who is educated and one who is not."

Gerade jemandem aus der Priesterkaste war es untersagt, Menschen zu berühren, die nicht seiner Kaste angehörten. Er definierte zudem die Rechte der Frau neu, indem er sich für die Emanzipation der modernen indischen Frau der Zukunft aussprach. Er war nämlich der Meinung, dass in einer modernen Welt die intellektuelle Wellenlänge beider Geschlechter unverzichtbar sei.

Die daraus resultierende Reaktion aus der Reihe der Priester hatte zur Folge, dass er aus diesem Kreis ausgeschlossen wurde. Doch das hinderte Bharathi nicht daran, seinen eingeschlagenen Weg fortzusetzen. Ein bedeutender Schlag für diejenigen, die zu dieser Zeit das Kastenwesen in vollen Zügen befürworteten und danach lebten.

Bharathi wurde eines Tages bei einem Tempelbesuch im Parthasarathy-Tempel (Triplicane/Chennai/Indien) von einem Elefanten getötet. Seine Botschaft, die über seinen Tod hinaus reichte, und die angefangene Rebellion gegen die Gesellschaft haben bis heute noch in vielen Bezirken Indiens und auch für mich einen großen ideellen Wert.

Der Hinduismus

Der Hinduismus ist eine sehr spirituelle und farbenfrohe Glaubensrichtung, die auf der Lebensphilosophie eines einzelnen Hindus beruht. In dieser Glaubensrichtung gibt es keine strikten Vorgaben, wie man zu leben hat. Alles ruht auf dem freien Willen des Gläubigen, seinen Weg zur Erleuchtung zu finden. Bekanntlich weiß man aus der Geschichte der Menschheit, dass zu viel Freiheit ohne jegliche Grenzen dem Menschen schaden kann.

Im Christentum gibt es Schriften aus der Bibel, an die sich die Gläubigen halten sollen – ein Kodex mit einer Vorgabe von Regeln.

Im Hinduismus gibt es ebenfalls heilige Bücher, zum Beispiel „Die Veden", „Die Upanishaden", „Bhagavad Gita", die den Hindus vorschreiben, wie sie leben können.

Der Hinduismus hat sich in Wirklichkeit durch mündliche Verbreitung von Priestern und Swamys – das sind indische Geistliche – in der großen Masse verbreitet. Wie viele Hindus leben nach den heiligen Schriften?

Den Glauben in seinem Zweck zu analysieren, ist für mich insofern wichtig, da vieles unter dem Deckmantel „Religion" betrieben wird, was die breite Masse der tamilischen Gesellschaft und der Hindus nicht weiß und auch nicht hinterfragt.

Betritt man einen hinduistischen Tempel, wird man im Laufe der Zeremonie freiwillig zur Kasse gebeten. Beim Herumreichen des Tabletts, auf dem die Flamme brennt, legen die Gläubigen einen Geldbetrag für die Zeremonie darauf. Zusätzlich muss für die Nennung des Namens durch den Priester eine Gebühr entrichtet werden. Diese bewegt sich je nach Art und Weise zwischen fünf und zehn Euro.

Irgendwann habe ich mich in meinen Beobachtungen des Hinduismus gefragt, warum gläubige Hindus Geld an „Gott" zahlen müssen?

Reicht der Glaube an Gott allein nicht aus?

Die Finanzierung wird mit der weiteren Instandhaltung des jeweiligen Tempels begründet. An dieser Stelle stellt sich für mich die Frage, warum ein Altar für Gott errichtet wird, wenn die Gemeinde nicht über ausreichende finanzielle Mittel verfügt.

Da in der hinduistischen Glaubensrichtung Geld eine wichtige Rolle spielt, kann sich der Leser gewiss vorstellen, dass darunter viele Gläubige etliche Hunderte, gar Tausende von Euro investieren, um sich allein von ihren Sünden freizukaufen. Die meisten vertreten auf diese Weise die Ansicht, dass der Aufenthalt in einer hinduistischen Zeremonie im Tempel die Lösung aller Probleme ist, die man im Alltagsleben hat. Ob sich wirklich alle Gläubigen außerhalb der Zeremonie an die freiwilligen Richtlinien halten, die der Glaube jedem Hindu ans Herz legt, spielt für viele eine eher untergeordnete Rolle.

Meines Erachtens ist die Religion ebenfalls ein weiteres Glashaus, in dem die Menschen ihre Zuflucht suchen.

In den heiligen Schriften der Bhagavad Gita heißt es:

„Gott hat sich da versteckt, wo die Menschen ihn nicht suchen, nämlich im Innern eines Menschen – im Herzen."

Betrachtet man diese Aussage ein wenig genauer, so lässt sich eine gewisse Spiritualität wiederfinden.

Wie viele Hindus suchen Gott in ihren Herzen?

Wie viele streben nach der vollkommenen inneren Reinheit?

Die Zahl lässt sich im kleinen Bereich definieren. Wenn es viele wären, gäbe es heute keine solche Vielzahl von hinduistischen Tempeln auf der Welt, da jeder seinen eigenen Tempel im Innern aufsuchen würde.

Die jährliche Feier in Deutschland im Ortsteil Uentrop in Hamm ist ein farbenfrohes und buntes Fest mit unterschiedlichen Zeremonien. Ein Stück weit Kultur, die selbst im Ausland noch ausgelebt wird. Es ist aber umso trauriger für mich zu erkennen, dass eine Vielzahl von Menschen denkt und glaubt, dass sich durch die Befolgung gewisser religiöser Rituale an einem Tag im Jahr all ihre Sorgen auflösen. Keinesfalls will ich den Glauben ins Negative ziehen. Im Gegenteil, ich selbst bin ein Gläubiger und aufgeklärter Hindu. Kritisieren möchte ich lediglich die Blindheit und Naivität der Menschen, die auf der Suche nach etwas sind, wobei sie sich in Wirklichkeit selbst anlügen. Eine Scheinwelt im Glauben, in der vieles versprochen wird und nicht in Erfüllung geht. Unter dem Vorwand von „Versprechungen" und „Prophezeiungen" konnte sich der Hinduismus im Ausland gut in den Köpfen der Menschen etablieren. Gerade in den ersten Jahren der Immigration haben viele ihre Schwierigkeiten damit, sich im neuen, fremden Land zurechtzufinden. Da bietet sich die Flucht in den bekannten Glauben aus der Heimat ideal als Ort an. Allein in Deutschland befinden sich geschätzt 38 Hindu-Tempel. Bei den 60.000 eingewanderten Tamilen aus Sri Lanka beläuft sich die Zahl der Gläubigen Hindus auf 40.000 bis 45.000 in Deutschland.

Im Hinduismus gibt es neben den Ritualen die sogenannten „Wahrsager", im Tamilischem „Sathri" genannt, die sich in einigen Tempeln wiederfinden. Gegen eine Gebühr wird vor Ort anhand unterschiedlicher Rituale die weitere Zukunft eines Menschen prophezeit. Wenn bestimmte Lebensabschnitte in den Folgejahren nicht positiv vorausgesagt werden, erhalten die betroffenen Hindus in einer Tempel-Zeremonie Ratschläge – gegen eine weitere Gebühr, versteht sich –, die sie in den meisten Fällen befolgen.

Mit dieser Methode lassen sich vor allem verzweifelte tamilische Hindus in die Irre führen. Viele suchen die Problematik nicht bei sich selbst, sondern in ihrem Umfeld. Sie denken, dass der Grund für ihr schlechtes Wohlbefinden von außen kommen muss. So begeben sich manche auf die hoffnungslose Suche nach der Lösung, die sie nie finden werden, wenn sie mit sich selbst und ihrem Umfeld nicht im Einklang sind.

Das Geschäft mit der Wahrsagerei

In der breiten Masse gibt es Menschen, die ihr eigenes Wissen und ihre Stärken wirtschaftlich nutzen. Dazu zählt neben den zahlreichen religiösen Gebräuchen auch die Astrologie, bekannt unter dem tamilischen Wort „Sathram".

Diejenigen, die sich mit der Astrologie auskennen, bezeichnen sich „Sathri" oder „Priester". Sie lösen bei den Hilfe suchenden Hindus durch negative oder positive Vorhersagen Zukunftsängste oder zu hohe Erwartungen aus. Der Wahrsager erhält in einer solchen Stunde eine finanzielle Entschädigung.

Selbst mein Vater war eine gewisse Zeit Anhänger dieses Brauchs. Damals hatte ich ein seltsames Gefühl dabei, wenn Menschen die Zukunft eines Fremden haargenau vorhersagen wollten und dies den Hilfe suchenden Hindus glaubhaft zu vermitteln versuchten. Durch entsprechende Gestik und Mimik wird die Glaubhaftigkeit unterstrichen, mit der gerade die breite Masse beeinflussbar ist. Solche Wahrsager finden sich in allen möglichen Kreisen, in Vereinen, Tempeln oder engen Bekanntenkreisen. Trifft das Vorhergesagte nicht zu, wird die Begründung hierfür mit irgendeinem „falschen Verhalten" der Hindus begründet.

Dieser Trend hat sich bereits vor Jahren innerhalb der Gesellschaft durchgesetzt, sodass man heute schon von einem geschlossenen finanziellen religiösen Kreis sprechen kann, der sich rund um die Wahrsagerei dreht. Mit der Hoffnung auf eine Lösung ihrer Probleme wenden sich betroffene Menschen an diese Wahrsager. Dass dabei nutzlos Geld investiert wird, ist den meisten eher unwichtig. Die Hoffnung verdeckt die Sicht auf die Wahrheit. Viele Wahrsager konnten bereits ihren finanziellen Profit erzielen, was auf Kosten der Hilfe suchenden Masse ging. Manche sind so strikt in ihrer Überzeugung, dass sie einen Zweifel an der Glaubhaftigkeit des Ganzen ausschließen. Oft wird die Wahrsagerei im Hinduismus mit der Religion in Verbindung gebracht, was meiner Meinung nach jedoch zwei verschiedene Anschauungen sind. Die Astrologie wurde seitens der Menschen als zusätzliches Mittel mit in den Glauben aufgenommen. Die Vorschrift, dass „Gott" das Leben vorschreibt, ist in manchen Hindu-Köpfen geprägt. Wahrsagerei ist ein Mittel, um die „unwissende" Masse weiterhin unwissend zu halten.

Man sollte sich an dieser Stelle die Frage stellen, aus welcher Quelle ein Wahrsager sein Wissen nimmt. Wie kommt er zu der Fähigkeit, Dinge vorherzusagen, die manch anderer nicht weiß?

Ist dieses Wissen einem selbst auch zugänglich?

Während meiner ersten Reise nach Sri Lanka im Jahre 2003 konnte ich eines Tages an einer Straßenseite einzelne Menschen sitzen sehen, die mir zuriefen, dass ich ihnen Gehör schenken solle, da sie mir etwas über meine Zukunft sagen wollen. Ignorierend verließ ich den Ort und erzählte meinem Onkel von der Begegnung mit diesen Menschen. Dieser lächelte mir zu und sagte, dass es dort viele dieser „Wahrsager" gebe.

Es gibt auch Wahrsager, die ihre Arbeit in professioneller Form in einem Büro oder dergleichen tätigen, wo sie tagtäglich Kunden empfangen. Ihre Magie liegt in der professionellen Mundpropaganda, womit sie versuchen, die Psyche der Hilfe suchenden Menschen zu erreichen und sie zu beeinflussen. In Bruchteilen von Sekunden gilt es für sie, so viel Überzeugung in ihre Person und ihre Berichterstattung zu legen, dass ihre Fähigkeit nicht hinterfragt und den Worten Glauben geschenkt wird. Eine funktionierende Methode, mit der viele von ihnen in den letzten Jahren finanziellen Profit machen konnten. Gerade im Exil, wo manche Menschen unterschiedliche Probleme im Alltag haben, mit denen sie nicht allein fertigwerden, bietet sich diese finanzielle Quelle für Wahrsager an. Mit Vermutungen und Spekulationen geben sie den Hilfesuchenden eine nicht zu verwirklichende Prophezeiung und Angst mit auf ihren weiteren Lebensweg, womit sie in der Zukunft beschäftigt sind.

Beispielsweise erfährt jemand, dass er sich ab einem bestimmten Alter verlieben wird. Mit dieser Aussage lebt derjenige in der Hoffnung, in einem bestimmten Lebensabschnitt das Vorhergesagte zu erwarten. Tatsache ist, dass „Liebe" keine Eigenschaft des Menschen ist, die man zeitlich berechnen kann. Es liegt in der Natur der Menschheit, dass solche Gefühle im Laufe des Lebens entstehen. Die erste liebevolle Bindung ist meist die zu den Eltern. Ist diese in einer Erziehung gegeben, so kann es durchaus sein, dass ein Kind in der Lage ist, dasselbe Gefühl gegenüber einem anderen Menschen aufzubringen. Wann es zu einer solchen Bindung und den mitschwingenden Gefühlen kommt, kann unmöglich zeitlich genau berechnet werden.

Vielmehr ist es eine Einschätzung dessen, was praktisch auf alle Menschen dieser Erde zutreffen könnte. Dass diese Methode dennoch die Masse erreicht, liegt unter anderem an der Praktizierung des alten Brauchs der „arrangierten Ehe". Einige Eltern, die diese Art der Eheschließung noch immer verfolgen, wollen ihr Gewissen um jeden Preis erleichtern.

Dazu zählen auch die Aussagen eines Wahrsagers. Sagt dieser die mögliche Heirat des jeweiligen Kindes aufgrund einer etwaigen „Liebesbeziehung" voraus, so sind die Eltern zunächst einmal zu höchster Vorsicht aufgerufen. Angst um die Verwirklichung der Prophezeiung des Kindes nistet sich mit der Zeit in den Köpfen der betroffenen Eltern ein. Eine begleitende Angst, mit der sich die Betroffenen selbst und vor allem auch das Leben des Kindes belasten. Häusliche Restriktionen in Form einer Reduzierung der Freizeitaktivitäten sind eine negative Folge dessen.

Solange der Aberglaube in den Köpfen der Menschen existiert, ist die Existenz von Wahrsagern aber weiterhin gegeben.

Die Isolation

An dieser Stelle will ich nach den Gründen und den verschiedenen Formen der Isolation der Migranten, angefangen bei der Kommunikation und dem Medium Sprache, suchen und diese darstellen.

In der Schule bekam ich durch Lehrer den Grundsatz vermittelt, dass es das Erste ist, was man tun sollte, wenn man in ein anderes Land einwandert, die dortige Sprache zu lernen. Wird dieser Grundsatz auf die hier lebenden eingewanderten Deutsch-Tamilen übertragen, ist es nur ein kleiner Teil, der sich diese Devise zu Herzen genommen hat. Ein Großteil hat es versäumt oder es war ihm nicht so wichtig, die deutsche Sprache zu lernen. Stattdessen haben sich diese Migranten auf das für sie persönlich wichtige Prinzip des Geldverdienens konzentriert. Doch Geld verhilft nicht dazu, mit anderen Zugehörigen der deutschen Gesellschaft kommunizieren zu können.

Am Beispiel meines Vaters kann ich diese Beobachtung unterstreichen. Mittlerweile lebt er seit über fünfundzwanzig Jahren in Deutschland und beherrscht die deutsche Sprache nicht so gut, dass ich mich mit ihm einwandfrei in meinem alltäglichen Sprachgebrauch unterhalten könnte. Viele Ansichten, die ich vertrete, sind für ihn schwer nachzuvollziehen. Ihm fehlen die Wurzeln der deutschen Sprache, mit denen er meine Gedankenprozesse und die anderer Deutschsprachiger verstehen könnte.

Dieses Problem haben unter anderem auch manche in Deutschland geborene tamilische Jugendliche. Sie haben es schwer, ihren Eltern gegenüber ihre Gedanken und Gefühle zu erklären. Während die tamilische Männerwelt hauptsächlich mit dem Geldverdienen beschäftigt ist, kümmern sich die Frauen um den Haushalt. Keiner der Elternteile investiert Zeit in das Erlernen der Sprache.

In Ländern wie Großbritannien oder Kanada können, was das Erlernen der englischen Sprache anbelangt, weitaus größere Fortschritte beobachtet werden. Die Kommunikation zwischen der englischen Gesellschaft und den dort eingewanderten Exil-Tamilen verläuft auf einer konstanten Verständigungsebene. Den Grund hierfür könnte man erahnen. Das Beherrschen der englischen Sprache, die viele bereits aus der Schulbildung in Sri Lanka mitbringen, ermöglicht ihnen dort im Vergleich zu Deutschland eine schnellere Integration. Dort muss man sich nicht mühsam hinsetzen, um sich die Sprache anzueignen. Mittlerweile gibt es zahlreiche Sprachinstitute für Migranten, die staatlich gefördert werden, doch selbst dort fehlt manchen Sprachschülern die nötige Motivation. Viele geben bereits beim Erlernen des Aufbaus der Grammatik auf und versuchen, den Sprachkurs so schnell wie möglich zu verlassen. Vernachlässigt wird die Blockade, die man durch seine eigenen Verhaltensweisen setzt, der Aufbau einer Sprach-Mauer, die die Kommunikation mit der deutschen Gesellschaft verhindert.

Gelangweilt vor der Tatsache einer Unwissenheit gegenüber der deutschen Sprache holt manch einen die Sehnsucht nach einer Kommunikation in der eigenen Sprache ein. Man widmet sich den heimatsprachlichen Fernsehprogrammen – wie beispielsweise GTV oder Deepam – oder kulturellen Feierlichkeiten – wie Hochzeitsfeiern, Geburtstagen, Pubertätsfeiern und so weiter –, wo man auf keinerlei Sprachbarrieren trifft. Im Gegenteil, hier bietet sich die Möglichkeit, sich ein Stück weit in der eigenen Sprache wohlzufühlen. Ein Augenblick für betroffene Migranten, um abgeschottet von der deutschen Gesellschaft zu sein. Auf dieser Grundlage haben manche von ihnen auch nicht das Bedürfnis oder das Verlangen, sich mit der deutschen

Sprache auseinanderzusetzen, da kulturelle Orte gegeben sind, wo man sich verständigen kann. So entsteht eine Isolation von der Umgebung, in der man eigentlich leben sollte. Eine Kommunikation mit der westlichen Gesellschaft kommt nicht zustande.

Selbst den Kindern solcher Familien wird ein eingeschränktes Weltbild vermittelt, welches von Generation zu Generation weitergegeben wird. Diese Feststellung lässt sich sicher auch auf andere Kulturen übertragen. Man könnte so dem Ausdruck „Parallel-Gesellschaft" ein wenig näherkommen. Manchen Exil-Tamilen, die nach Deutschland kamen, ist die Bequemlichkeit lieber, als sich mit dem „unnötigen Stress" beim Erlernen der deutschen Sprache auseinanderzusetzen.

Kinder, die in solchen Familien groß werden, vermissen Aspekte wie liebevollen Umgang, Gespräche mit den Eltern, Unterstützung bei Problemen, Freiheit in der Jugend – all das, was gewöhnlich ihre deutschen Mitschüler von ihren Eltern erwarten dürfen. Da diese wichtigen Aspekte in der Erziehung eines Kindes eine zentrale Rolle spielen und diese beispielsweise bei der tamilischen Erziehung nach dem Erziehungskonzept aus Sri Lanka von den Eltern ignoriert werden, entstehen bei den betroffenen Kindern innere Wunden, die die Eltern nicht sehen und verstehen. Der Grund könnte in der konservativen Erziehung liegen, die die Eltern am eigenen Leib in ihrer Heimat Sri Lanka erfahren haben. Dort herrscht ein raues Erziehungssystem, wie ich auf meiner Reise dorthin bemerkt habe. Die Menschen in diesem Land machten auf mich einen angespannten und rauen Eindruck.

Während ich es gewohnt bin, mich mit Gestik und Mimik auszudrücken, sah ich bei meinen Verwandten eine kalte Haltung beim Reden. Die sogenannte raue und kalte Art des Redens innerhalb der Gesellschaft in Sri Lanka verfolgen selbst noch einige Migrationstamilen in Deutschland und geben diese unbewusst an ihre Kinder weiter. Dass die Kinder unter diesem Umgang leiden, fällt vielen nicht auf.

Ein weiterer Grund könnte auch im Hierarchie-System liegen, aufgrund dessen einige Eltern diese Art des Umgangs mit ihren Kindern immer noch bevorzugen. Sie bauen mit ihrer kalten Artikulationsweise eine Wand zwischen sich und ihren Kindern auf. Eine solche innere Wand macht die Kinder auf Dauer traurig, zum Teil sogar psychisch krank. Zu vergleichen mit dem Füllgrad eines Dammes, der sich in den Jahren durch die verletzten Gefühle entwickelt hat und irgendwann zum Durchbruch kommt. Meist wissen die betroffenen Kinder selbst nicht, was mit ihnen los ist.

Wenn man tief forscht, erkennt man, dass die ersten Verletzungen in der Kindheit eines Menschen entstehen. Je nachdem, wie groß die Verletzungen der Betroffenen sind und wie sie geheilt werden, sind diese dann ausschlaggebend für weitere oder auch später eingetroffene – negative – Verhaltensweisen. In dieser Hinsicht sollten Eltern mehr Rücksicht auf die Gefühle ihrer Kinder nehmen und ihnen vor allem aufmerksam zuhören, wenn sie über ihre Gefühle sprechen. Viele Kinder fühlen sich von ihren Eltern vernachlässigt und sind isoliert von ihrer Familie. Dieses Gefühl entsteht, wenn die Eltern sich hauptsächlich mit sich selbst und der Gesellschaft beschäftigen. Eine mögliche Folge ist die Flucht der Kinder aus dieser Art der familiären Isolation. Die Flucht führt bei manchen zu einem Freundeskreis, in dem Alkohol in zu großen Mengen konsumiert wird und dergleichen. Hauptsache, man befindet sich nicht mehr in der einsamen emotionalen Sackgasse, da jede weitere Minute dort eine psychische Folter mit zunehmenden Folgen verursacht, welche sich erst im Lauf des Lebens bemerkbar machen.

Wer bin ich wirklich?

Wer bin ich wirklich? Diese Frage stellen sich manche Jugendliche und vermuten, die Antwort während ihres Wandelns zwischen den kulturellen Welten zu finden. Die wirkliche Antwort müssen sie jedoch direkt vor ihren Augen suchen, nämlich bei sich selbst!

Wie ich bereits erläutert habe, befindet sich das Individuum eines tamilischen Kindes in den Fesseln der Kultur beziehungsweise der Gesellschaft. Durch diese Gefangenschaft gelingt es dem Kind nicht, sich selbst zu finden, da es die meiste Zeit gedanklich damit beschäftigt ist, wie es der Kultur gegenüber gerecht werden kann. Sei es durch die Teilnahme an Feierlichkeiten, die Erfüllung bestimmter familiärer Pflichten, die Übernahme der Verantwortung für jüngere Geschwister oder die Erreichung eines bestimmten Berufsstandes, mit dem der junge Mensch den Namen seiner Familie in ein gutes Licht rückt. Dass dadurch das eigene Leben vernachlässigt wird, bemerken viele erst, wenn sie von den Fesseln befreit sind. Dies kann zum

Beispiel durch einen Auszug aus dem Elternhaus geschehen.

Ich vermute, dass an dieser Stelle einige Leser darüber nachdenken, inwiefern dies auf sie zutrifft.

War oder ist man selbst Gefangener der Gesellschaft?
Wie lange hat man unbewusst die Rolle einer Marionette übernommen, nur um den Willen anderer zu erfüllen und sie glücklich zu machen?

Für Gefühle gibt es in der Gesellschaft wenig Platz, denn es gilt immer noch die Devise: „Was denkt die Gesellschaft darüber?" Erlaubt sie Gefühle nicht, so sind sie einem, der sich in diesem System befindet, verboten. Ich konnte sehen, dass selbst Menschen, denen es finanziell gut ging, etwas in ihrem Leben fehlte, nämlich die Freude.

Umso schwerer ist es sicherlich für ein Kind, die materielle Freude der Eltern zu teilen, wenn es sich nach mehr Zuneigung und Wärme sehnt. Dieser Zwiespalt bewirkt im Innern des betroffenen Kindes eine tiefe Wunde, welche die Eltern ohne Weiteres nicht sehen, denn das Zeigen von Gefühlen ist in der Gesellschaft untersagt.

Hierzu kommt als weitere Belastung die unzureichende Kommunikation zwischen dem Kind und seinen Eltern. Während die Eltern sich gedanklich in ihrer heimatlichen Welt in Sri Lanka befinden, sind die Kinder in dem Zwiespalt zwischen der deutschen und der tamilischen Welt gefangen. Die Problematik entwickelt sich, wenn die Kinder den Eltern gegenüber die eigenen Wünsche erklären müssen.

Hierzu ein Beispiel: Es steht eine Party an, wo die gesamte Jahrgangsstufe aus der Schule eingeladen ist und man selbst auch gern hingehen möchte. Die erste Hürde ist die Erlaubnis der Eltern. Während sich die Freunde und die anderen auf die baldige Party freuen, meldet sich das Gewissen, welches die Vorfreude bremst. Mit einem „Nein", das schon in Gedanken vorprogrammiert ist, macht man dennoch den Versuch, die Eltern um Erlaubnis zu fragen, denn schließlich ist die gesamte Jahrgangsstufe aus der Schule dort und der Freundeskreis geht hin. Dann die meist gestellte Frage, die von den Eltern kommt: „Wann fängt es an?" Dass eine solche Party nicht zur Kaffee-und-Kuchen-Zeit beginnt, ist den meisten Jugendlichen klar, doch nicht vielen tamilischen Eltern. Die Uhrzeit, zu der eine Veranstaltung beginnt, ist Grund genug, den Kindern die Teilnahme zu verbieten. Trotz überzeugender und logischer Erklärungen ist es ihnen schwierig, das Einverständnis zu bekommen. Falls doch ein Elternteil zustimmen sollte, könnte dieser wiederum durch den anderen Elternteil umgestimmt werden.

In der Welt zu Hause ist man damit beschäftigt, die schulische Welt zu rechtfertigen. Schlussfolgernd kommt in den meisten Fällen das Resultat, dass die Eltern es nicht verstehen und man als junger Mensch an solchen Feiern nicht teilnehmen kann. Man zieht sich in sein Zimmer zurück und versucht, sich mit seinen verletzten Gefühlen selbst zu trösten.

Mit den kulturellen Erklärungen seitens der Eltern wird versucht, ein Aufbegehren der Psyche zu dämmen, sodass der innere Schrei nach Freiheit und Selbstbestimmung vorläufig gestoppt wird. In diesem Moment des Leidens bietet sich das Medium „Internet" als weiterer Zufluchts-ort an, um von den verletzten Gefühlen abzulenken und wenigstens anonym seine Gefühle äußern zu können.

Eines Tages stieß ich durch Zufall auf ein tamilisches kulturelles Forum, in dem unter anderem die von mir hier angesprochenen Themen diskutiert wurden. Erstaunt konnte ich feststellen, dass es dort eine Vielzahl von Mädchen gab, die in ihrem Zuhause mit all diesen Proble-matiken konfrontiert waren. Aus der Reihe der Jungen gab es nicht einen offiziellen Fall, der auch nur im Ansatz eine Konfrontation mit den Eltern angedeutet hätte. Der Grund dafür, vermute ich, liegt darin, dass es gerade den Männern in der Gesellschaft nicht erlaubt ist, über ihre Gefühle zu sprechen, ohne dabei auf irgendeine Weise abgestempelt zu werden.

Es gilt ja selbst auch in anderen Gesellschaften die Faust-regel:

„Wer cool und hart ist, ist erst ein Mann."

Ein weiterer Grund könnte sein, dass Jungen nach dem Gesellschaftsbild automatisch mehr Rechte bekommen als Mädchen.

Hier die folgende Regel, wonach sich die Gesellschaft richtet:

„Über einen Jungen kann gesprochen werden. Das würde der Familie nicht so viel Schaden zufügen, als wenn über ein Mädchen gelästert

würde. Denn es wäre dann umso schwerer für dieses Mädchen, einen geeigneten Partner zu finden, da ihr Ruf bereits verschmutzt wäre."

Die Angst, dass andere über sie sprechen könnten, bedeutet für viele Eltern, es um jeden Preis zu verhindern. Und dabei heißt es, etwaige „westliche Feierlichkeiten" zu umgehen und die Tochter davor zu schützen. In solchen Fällen sind meist die Töchter in ihrem Zufluchtsort, dem Internet oder der Filmwelt, Gefangene ihrer eigenen Emotionen, aus denen sie meist nicht allein herauskommen können. Im genannten Beispiel ist ein betroffenes Mädchen in Erklärungsnot gegenüber Klassenkameraden und Freunden, die eine Erklärung der Eltern, basierend auf der kulturellen Ebene, nicht nachvollziehen können. Und auch hier folgt eine weitere Verletzung, nämlich die des Außenseiters. Auch wenn man in der Klasse ein unbeschriebenes Blatt ist, so stellt man sich in dem Moment durch die Nichtteilnahme an einer „westlichen Feier" als Sonderling dar, und dies geht wieder zulasten der Psyche. In einer solchen Situation sind die betroffenen Jugendlichen auf sich gestellt und versuchen, den wiederkehrenden inneren Schrei nach „Freiheit und Selbstbestimmung" zu unterdrücken. Eine gezwungene Identifikation mit der eigenen Kultur, indem man sich selbst einredet:

„Das hat alles seine Richtigkeit, es ist die tamilische Kultur – meine Kultur –, die die anderen nicht verstehen."

Dabei ist es gerade die Kultur, die einem durch die Aufstellung der Fesseln innere Verletzungen zufügt. Obwohl manche betroffene Jugendliche es im Innern wissen, sind sie dennoch gezwungen, die tamilische Kultur vor der deutschen Kultur zu beschützen und diese als „gut" beziehungsweise „perfekt" und „schön" zu präsentieren. Dieses „gut" wird mit der Hinnahme solch feierlicher Blockaden akzeptiert. Man redet sich ein, dass das alles sein muss, da man sonst gleichzeitig in der eigenen tamilischen Kultur ein Außenseiter ist.

Betrachtet man das Beispiel ein wenig genauer, kann der Leser erkennen, dass betroffene Jugendliche sowohl in der eigenen Kultur als auch in der westlichen Kultur als Außenseiter gelten. Zu Hause im Zimmer mit den verletzten Gefühlen und in der Schule durch die fehlende Teilnahme am Gesellschaftsleben. Unbewusst schleppen diese jungen Menschen jahrelang Verletzungen ihrer Seele mit sich, ohne sich dessen bewusst zu sein.

Dahingehend ist es für mich keinesfalls eine neue Entdeckung, dass das wirkliche Schätzen des Lebens vielen so schwer fällt. Gefangen zwischen den Welten, wandert die eigene Persönlichkeit eines tamilischen Kindes mal hierhin, mal dorthin, was zu einer fortwährenden Unterdrückung der eigenen Persönlichkeit führt. Irgendwann wird auch der innere Schrei oder das Verlangen nach Freiheit und Selbstbestimmung von den betroffenen Jugendlichen aufgegeben, und manche geben ihr ganzes Leben in die Hände der anderen. Es ist eine Scheinwelt, in der sie leben und auch anderen etwas vorleben. Eine Welt, in der nach außen Glück und Freude herrschen, während im Innern genau das Gegenteil der Fall ist.

Die falsche Definition von Freude durch den Besitz materiellen Reichtums und Geldes ist eine mögliche Folge für die Isolation von der Gesellschaft. Es ist keine Seltenheit, dass sich betroffene Kinder im Laufe ihres Lebens, spätestens, wenn sie erwachsen sind, die Frage stellen: „Wer bin ich eigentlich wirklich?"

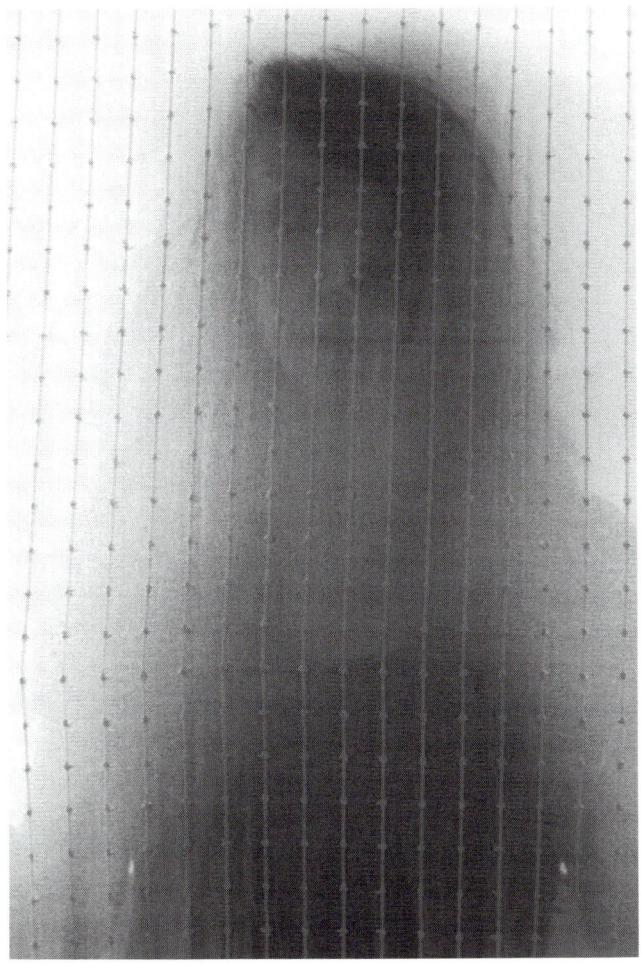

Die Sehnsucht nach der Liebe

All die Strapazen, die die menschliche Psyche eines Kindes erleidet, ist bei jeglichen Scheinwelten nicht auszuschließen. Wir Menschen sind von Geburt an so konzipiert, dass wir im Leben etwas ersetzen, das zuvor eine Lücke hinterlassen hat. Zum Beispiel ersetzen wir ein kaputtes Sofa durch ein neues. In manchen Fällen funktioniert die menschliche Psyche gleichermaßen. Man versucht, eine vorhandene Lücke aus der Kindheit oder Vergangenheit durch etwas aus der Gegenwart oder der nahen Zukunft zu ersetzen. Ein Kind, das die Liebe seiner Eltern nie zu spüren bekam, wird eine lebenslange Lücke in sich tragen, die es durch die Liebe eines Partners zu ersetzen versuchen wird.

Verschiedene wissenschaftliche Studien belegen, dass es Frauen gibt, die bewusst Männer aussuchen, die von Grund auf einen rauen und starken maskulinen Eindruck machen. Hinter dieser Suche versteckt sich die unbewusste Suche nach dem eigenen „Vater", der selbst als Mann unerreichbar war und zu dem man als Tochter immer eine Distanz hatte. In der Partnerwahl könnte dieser Typ Mann, den man aus dem eigenen Zuhause kennt, durch Zuneigung und etwaige liebevolle Bändigung zum erreichbaren Mann und Lebenspartner werden.

In dieser wissenschaftlichen Studie wird die psychische Lücke, die in der Erziehung einer Frau entstanden ist, angesprochen. Diese versucht sie dann später durch eine etwaige Beziehung zu einem Mann zu füllen. Bei einem Kind ist eine solche Sehnsucht nicht anders zu erklären. Ist die Kindheit geprägt durch Kälte und Rauheit der Eltern, so entsteht im Innern der Wunsch nach Wärme und Liebe. Da, wo Fürsorge und Schutz nicht gewährleistet sind, entsteht die Suche nach dem Gleichen. Was bei all der Sehnsucht vernachlässigt wird, ist der enorme Anspruch, den man gegebenenfalls an den zukünftigen Partner stellt. Oft wird dabei vergessen, dass ein anderer Mensch der Aufgabe, die die Eltern auszuführen versäumt haben, nicht nachkommen kann. Ratsam wäre es, mit professioneller Hilfe die eigene Lücke zu verarbeiten. Zu lernen, wie man mit bestimmten verletzten Gefühlen umgeht, die nicht ein Leben lang quälen. Auch Freunde oder der Partner sind Menschen, die eigene Probleme in ihrem Leben haben. Nicht immer gelingt es ihnen, sich so zu verhalten, wie man es sich wünscht.

Diese ständige Sehnsucht nach Füllen der Lücke, die die Eltern einem bewusst oder auch unbewusst zugefügt haben, ist zugleich die Suche nach sich selbst. In einigen Fällen führt die Suche nach der Liebe zu Liebesszenen, wie man sie aus Filmen kennt. Die dortige Scheinwelt der Liebe, die dem Zuschauer vermittelt wird, ist eine künstliche Inszenierung eines Geschehens, um den Konsum der Filmwelt aufrechtzuerhalten. Manche Zuschauer richten sich nach dieser Welt und leben teilweise sogar nach dem Format dieser Scheinwelt. In diesen Filmen wird unter anderem die Botschaft vermittelt, dass der zukünftige Ehemann der perfekte Prinz auf Erden sei, der für seine Frau alles tut und ihr den Himmel auf Erden bereitet. Sie können sich die Fortsetzung bereits denken. Umgekehrt die perfekt aussehende Frau, deren Interesse sich entwickelt, sobald sie einen Mann nur anschaut.

In manchen Filmen wird die Initiative des Flirtens seitens der Frauen gezeigt, die dann zu einer erfolgreichen, mit sehr viel Harmonie gefüllten Beziehung mit dem Partner endet. Sechzig Prozent der Filme verlaufen und enden nach diesem Schema.

Die Filmindustrie steuert die emotionale Lücke bei den Zuschauern an. Weil die schönen Gefühle, die in den Filmen vorgegaukelt werden, von so großer Bedeutung sind, wird durch die Inszenierung solcher Szenen und Geschichten ein enormer Massenkonsum erreicht. Die tamilische Filmindustrie konnte daher in den letzten Jahren einen nennenswerten Profit erzielen.

Betroffene leben mit einem gestörten Verhältnis zur wirklichen Realität gegenüber der Frauen- und Männerwelt und wundern sich, warum es bei ihnen nicht so funktioniert, wie es zuvor die Filme vermittelt haben. Man setzt sich in Szene in der Hoffnung, das gleiche Resultat zu erzielen, das man zuvor auf der Leinwand gesehen hat.

Eine weitere Scheinwelt von Liebe, die mit der wahren Liebe in der Realität nicht gleichzusetzen ist.

Die Sehnsucht und das Finden der gesuchten Liebe sind automatisch mit einem weiteren Problem gekoppelt, nämlich mit Einverständnis der Eltern. In Fällen unterschiedlicher Kastenzugehörigkeit oder großer finanzieller Unterschiede ist die offizielle Bekanntgabe einer Liebesbeziehung meist mit Problemen verbunden. Bei einer Nicht-Akzeptanz seitens eines der Elternhäuser leidet oder der betroffene Partner, was wiederum unbewusst die Partnerschaft belastet. In einer solchen Phase kommen manche in die Rolle eines Diplomaten. Es wird versucht, der elterlichen Seite des Partners die sehnliche Liebe zu erklären und um deren Einverständnis zu kämpfen. Selbst die Liebe bleibt nicht einmal vor dem Einfluss von außen verschont.

Sich offiziell als verliebtes junges Paar zu zeigen, welches nicht den Bund fürs Leben eingegangen ist, ist bis heute noch ein Tabu in der Gesellschaft. Verurteilt werden solche Begebenheiten mit einer Modernisierung der Tradition und dem Verlust der Werte. Dass man den Menschen zunächst einmal kennenlernen möchte, ohne gleich Intimitäten auszutauschen, ist für den größten Teil der Gesellschaft nicht zu erklären. Viel zu groß ist die Angst, einen dauerhaften Stempel zu erhalten, der nicht mehr zu beseitigen ist.

Man kann sagen, dass sich die Jugendlichen auf einer ständigen psychischen Flucht befinden – mit dem Ziel, Ruhe zu finden. Es ist eine Frage der Zeit, bis die vorübergehende Ruhe, wie beispielsweise in der Cyberwelt, durch andere neue Ereignisse im Alltagsleben gestört wird.

Ein in sich ständiger kreisender Lauf, der ohne eine aktive Wende der jeweiligen Betroffenen nicht aufhört.

Betroffene können an dieser Stelle in sich gehen und für sich reflektieren, inwiefern sie selbst mit einer solchen emotionalen Lücke belastet sind. Ist die mögliche Lücke entdeckt, liegt der nächste Schritt wieder bei einem selbst, nämlich den Mut aufzubringen und sich von Fachleuten helfen zu lassen, damit Schmerz und Qual gelindert werden.

Ich kann es nachvollziehen, dass dieser Schritt kein einfacher ist. Anzumerken ist hier, dass die Suche nach Hilfe keineswegs, wie manche vielleicht assoziieren, ein Indiz für Schwäche ist. Im Gegenteil, es zeigt die Bereitschaft, die inneren Verletzungen zu heilen. Gerade in der heutigen Männerwelt ist das Zurschaustellen von Schwäche immer noch ein offizielles Tabu. Durch einen Krieg traumatisierte Männer erhalten aufgrund innerer Blockaden, die sie sich selbst setzen, keine Möglichkeit, ihrer emotionalen Qual ein Ende zu setzen.

Die traumatisierten Eltern

Der Krieg in Sri Lanka brach aufgrund der Pogrome im Jahre 1983 aus, als in der Hauptstadt Colombo tamilische Zivilisten von singhalesischen Mobs getötet und zahlreiche Geschäfte geplündert wurden. Dies erfolgte durch damalige Staatsanordnung unter der Führung des Ex-Präsidenten Junius Richard Jayawardene. Obwohl der damalige amtierende Ministerpräsident Premadasa von der Beisetzung der im Norden getöteten dreizehn Soldaten in Colombo abriet, folgte der Präsident seinem Gefühl nach einem Rachezug. Der Transport dieser getöteten Soldaten erfolgte nach Colombo mit dem Hintergrund, innerhalb der zivilen singhalesischen Bevölkerung einen Hass anzuzetteln, was auch erfolgreich erreicht wurde.

Unter dem grünen Licht der Regierung waren Gräueltaten und Morde offiziell angeordnet. Innerhalb weniger Wochen ereignete sich in Sri Lanka ein unbeschreibliches Szenario an ermordeten tamilischen Zivilisten. Der Monat Juli ist in der Geschichte des Bürgerkrieges von Sri Lanka als „Schwarzer Juli" eingegangen. Im Juli 1983 wurden mehrere Tausende Tamilen durch die staatliche Bewachung von singhalesischen Mobs getötet. Brennende Autos und herumliegende Leichen waren zu dieser Zeit an der Tagesordnung. Die Flucht ins Ausland war für viele die einzige Lösung, ihr Leben noch zu retten.

Den Flüchtlingen gehörte meine Mutter mit meinen beiden Geschwistern an. Mein Vater, der bereits vor Ausbruch des Krieges nach Deutschland gekommen war, blieb von den Pogromen verschont. Die Flüchtlinge ließen ihr gesamtes Hab und Gut zurück, um ihren Traum nach einem besseren und vor allem friedlicheren Leben im Ausland zu verwirklichen.

Unterschätzt wird das traumatisierte Erlebnis, welches sich in der Heimat ereignete. Gerade diese Traumatisierung führt später zu unkontrollierten emotionalen Verhaltensweisen gegenüber den Kindern. Die betroffenen Menschen tragen eine unbeschreibliche angestaute Trauer und Wut in sich. Das Anstauen des Erlebten aus der Heimat, begleitet von zusätzlichen Problemen im Exil-Land, kann die Psyche ab einem bestimmten Punkt nicht mehr tragen. Emotionale Gewaltausbrüche sind das Resultat dieses psychischen Drucks, unter dem die betroffenen Flüchtlinge jahrelang leiden. Viele Migranten ignorieren dies. Die Selbstreflexion, dass man ein Kriegstrauma erlebt hat, gelingt nur wenigen.

In meiner Familie waren beide Elternteile von unterschiedlichen Erlebnissen geprägt. Mein Vater blieb von einem Kriegstrauma und der ständigen Angst um sein Leben verschont und machte sich auf die weite Reise nach Deutschland, um ein neues Leben aufzubauen. Meine Mutter – im September 2008 verstorben – dagegen erlebte den Bürgerkrieg zusammen mit meinen beiden älteren Geschwistern. Fünf Jahre verbrachte sie ohne meinen Vater in Sri Lanka und erlebte die Flucht, um zu überleben. Vereint in Deutschland standen sich meine Eltern gegenüber wie zwei komplett unterschiedliche Menschen.

Dass die Ehe nach fünfundzwanzig Jahren irgendwann in die Brüche gehen würde, ist für mich nach heutiger Sicht nachvollziehbar. Geprägt war die weitere Beziehung in Deutschland vor allem von Verletzungen und unkontrollierten emotionalen Ausbrüchen, die sich sowohl in verbaler als auch in körperlicher Art äußerten. Beide lebten aneinander vorbei und konnten sich nicht in die Gefühle des jeweils anderen hineinversetzen. Sie suchten jeder für sich ihr eigenes Fluchtgebiet, um die negativen Gefühlszustände zu verdrängen. Mein Vater stürzte sich in die Arbeit, während meine Mutter ihre Vorliebe zu Porzellanfiguren entwickelte und sie sammelte, um so wenigstens für sich ein Gefühl innerer Ruhe zu finden. Meinem Vater fehlte die Erfahrung im Umgang mit im Krieg traumatisierten Menschen. Der Zugang zu den Gefühlen meiner Mutter blieb ihm daher verschlossen.

In dieser Hinsicht gibt es eine Fülle von Exil-Tamilen, die aufgrund persönlicher Kriegserlebnisse seelisch leiden.

Hinzu kommen die Sprachbarrieren im Ausland, mit denen die Betroffenen sich auseinandersetzen müssen. Das Befolgen der Grundprinzipien des Gesellschaftskodex, nämlich die der Erlangung schnellen Reichtums und eines guten Rufes, bietet manchen Betroffenen eine ideale Plattform, um sich vorübergehend aus ihrem Gefühlschaos zu befreien. Den meisten psychischen Druck jedoch müssen die Kinder tragen. Sie leiden unter den ständigen Gefühlsausbrüchen der Eltern und müssen zudem deren Wünsche erfüllen. Dass ihre Kinder keine ausgebildeten psychologischen Therapeuten sind, beachten die Eltern nicht. Es wird nämlich eine selbstverständliche Toleranz und Akzeptanz ihrer Verhaltensweisen seitens der Kinder erwartet. Dass Kinder Gefühle und Anregungen haben könnten, steht im Hierarchie-Verhältnis in einem Glashaus auf unterster Ebene.

Es gibt einen bekannten Satz, den Eltern gern als Argument gegenüber ihren Kindern benutzen:

„Was für Probleme habt ihr schon?"

Sicherlich hat der eine oder andere diesen Satz von wenigstens einem Elternteil irgendwann im Laufe seines Lebens schon einmal zu hören bekommen. Mit dieser Frage wollen manche Eltern auf ihre täglichen Verpflichtungen hinweisen, die sie in ihrem Alltagsleben zu leisten haben. Darunter fällt die Bezahlung der monatlichen Miete, das Einkaufen von Lebensmitteln, das Zubereiten der Mahlzeiten, die Erledigung des Haushaltes, die Arbeit und vieles andere.

Diese Verpflichtungen lassen sich in der deutschen Gesellschaft unter dem Begriff der „familiären Verpflichtungen" beschreiben, die als selbstverständlich gelten, sobald eine Familie gegründet wird. In manchen tamilischen Migranten-Familien scheint es so zu sein, dass diese Verpflichtungen als Last empfunden werden, mit der die Eltern täglich zu kämpfen haben und sich innerhalb der Hierarchie der Belastung höher einstufen. Sicherlich haben Eltern mehr Verpflichtungen als ihre Kinder, doch jegliche Anregungen und Wünsche der Kinder als „minderwertig" und „harmlos" einzustufen, ist eine egozentrische Weise der Erziehung.

Eine aus der Kindheit nicht verheilte Wunde, die möglicherweise durch die Großeltern hinzugefügt worden ist, wird durch dieselbe Verhaltensweise an die eigenen Kinder weitergegeben. Wenn ein betroffenes Kind die dadurch entstehenden Wunden nicht verarbeitet und mit seinem Schmerz beispielsweise eine Ehe eingeht, entsteht ein sich ständig wiederholender Kreislauf von Verletzungen.

In Ländern wie Deutschland erlernt man die gesunde Form der Kommunikation, wie beispielsweise das liebevolle Miteinander. Durch die Vermittlung dieser Umgangsformen entsteht im Innern eines betroffenen Kindes eine unbewusste Sehnsucht nach einem ebensolchen Umgang im eigenen Elternhaus. Manche wissen nicht, wie sie dieses Gefühl den Eltern gegenüber erklären sollen und behalten aus ihrer Verunsicherung heraus meist ihre Sehnsucht für sich. Mit der Zeit entsteht eine emotionale Distanz zu den eigenen Eltern.

Versucht man, den Umgang deutscher Eltern mit ihren Kindern den Eltern gegenüber als gut und positiv zu erklären, könnte man abgestempelt werden als „zu westlich" und „zu deutsch". Ziel ist es nicht, sich selbst darzustellen, sondern eine mögliche Änderung in den häuslichen Umgangsformen zu bewirken.

Kommt es zu einer Verschlechterung der schulischen Leistungen, so bietet sich ein Nährboden, auf dem die angestauten Gefühle der Eltern an ihren Kindern ausgelassen werden.

Ich erinnere mich an eine Situation: Es war eine kulturelle Veranstaltung, bei der sich der Sohn eines Ehepaares in der Masse nicht hinsetzen und stattdessen mit den anderen Kindern spielen wollte. Nach mehrmaliger Aufforderung des Vaters ließ der Junge es nicht unversucht und bat seinen Vater weiterhin um Erlaubnis. Dieser Vater erteilte dann seinem Sohn eine Ohrfeige, woraufhin das Kind sich hinsetzte und seine Tränen zu unterdrücken versuchte. Ohne Anzeichen von Reue oder Verständnis verfolgte der Vater das weitere Programm und ignorierte den verletzten Sohn.

Gewalt als erzieherisches Mittel im tamilischen System ist eine schlechte Form, dem Kind das zu verdeutlichen, was man als Elternteil gern sagen möchte. In dem Beispiel hat das Kind eher die Macht des Vaters und den Schmerz des Schlagens erlebt als das Verständnis dafür, warum es sich nicht zu den anderen Kindern gesellen durfte. Ein liebevolles Miteinander ist in einem Fall wie diesem kaum möglich, da es für den Vater ständig gilt, den eigenen Status gegenüber dem Kind oder der Ehefrau zu demonstrieren. Für den Mann ist es eine Bestätigung seines Statussymbols.

Ein Weg aus diesem Gefühlschaos wäre für betroffene Kinder, zu verstehen, dass die Eltern aufgrund von Kriegserlebnissen in der Heimat ein schweres Schicksal erlebt haben und dass bestimmte Schicksalsschläge sie zu gewissen Verhaltensweisen führen. Nach dieser Erkenntnis könnte man durch externe Hilfe lernen, welche weiteren Wege man für sich im Umgang mit den Eltern wählt, um den Aufenthalt unter ihrem Dach so lange erträglich zu machen, dass man das Glashaus eines Tages mit einer gesunden Psyche verlassen kann. Der Vorteil einer solchen Erkenntnis ist der, dass man die Fehler der Eltern nicht kopiert. In der eigenen Familiengründung könnte auf Aspekte geachtet werden, die bei einem selbst nicht erfüllt waren. Manche erkennen ihre Chance und setzen sie auch in die Tat um, andere brauchen eine helfende Stütze, die sie auf dem langen Weg durch das Tal der Emotionen begleitet.

Auch hier ist wichtig: Man sollte keine Angst haben, die eigenen Eltern zu verraten oder das Miteinander ins Negative zu ziehen, da die Hilfe von außen diskret und persönlich in Anspruch genommen werden kann, ohne dass die Eltern involviert werden.

Wege aus Schicksalsschlägen

Um dem Leser einen umfangreichen Einblick in meine Geschichte zu geben, will ich in diesem Kapitel gern einige Schicksalsschläge aus meinem Leben ansprechen, die mich unter anderem dazu gebracht haben, dieses Buch zu schreiben.

Ich war zwölf Jahre alt, als meine Eltern sich trennten. Wir sind vier Kinder, ich bin der einzige Sohn.

Wie es in der tamilischen Kultur üblich ist, sind die Jungen in der Familie so eine Art „Verantwortlicher für alles". Falls ein Familienmitglied ausfallen sollte, werden sämtliche Lasten und die Verpflichtungen auf die Schulter des nächsten Mannes oder des Ältesten beziehungsweise der Ältesten im Haus übertragen.

Als einziges männliches Kind behielt ich den Kontakt zu meinem damals von uns getrennt lebenden Vater aufrecht. Dass dieser Kontakt nicht reibungslos über die Bühne ging, war vorprogrammiert. So bekam ich oft in Streitigkeiten die Wut und Frustration meiner Mutter zu spüren, die sie gegenüber meinem Vater hegte. Im Gegenzug bediente sich mein Vater des gleichen Prinzips. Die Wut, die er gegenüber meiner Mutter verspürte, bekam ich in Auseinandersetzungen mit ihm zu spüren. Unbewusst nahm ich die Funktion eines Balles an, der von beiden Elternteilen hin und her geschubst wurde. Dazwischen befanden sich mein Leben und mein Weg zu meinen Zielen. Beides wollte ich nicht aus den Augen verlieren. Manche Psychologen, denen ich im Laufe der Zeit begegnet bin und denen ich meine Geschichte erzählt habe, wunderten sich über die unendliche Stärke, die ich seit meiner Kindheit in mir trage. Sie fragten mich, woher ich zu der schweren Zeit die Kraft genommen habe.

In der Zeit, nach der Trennung meiner Eltern bis zum Auszug aus der Wohnung hielt ich an Gott und meiner hinduistischen Glaubensrichtung fest. Morgendliche Meditation verlieh mir Kraft für den jeweiligen Tag, und die brachte mir die innere Wärme. Durch die Flucht in die Religion konnte ich verhindern, dass sich in mir negative Gefühle, wie zum Beispiel Kaltherzigkeit, einnisteten. An oberster Stelle galt für mich damals, anderen Menschen nichts Schlechtes anzutun, unabhängig davon, was sie einem selbst angetan hatten. Mit dieser Devise fürs Leben verbrachte ich die Jahre meiner Jugend zu Hause bei meiner Mutter. Trotz einiger verletzender Momente haben meine Eltern mir das Wichtigste im Leben vermittelt, nämlich Liebe. Warme Worte und Umarmungen konnte ich in meiner Kindheit von beiden bekommen, trotz der gewaltigen Wutausbrüche, die sich mir gegenüber auch in körperlicher Gewalt äußerten.

Im Strudel des Chaos setzte ich mir das Ziel, als Jahrgangsstufen-Bester die Sekundarstufe an der Realschule zu verlassen. Dieses Ziel allerdings hatte ich mir gesetzt, um für mich persönlich etwas zu erreichen.

Ein Jahr nach der Trennung meiner Eltern wurde meine älteste Schwester psychisch krank. Bis zum Ausbruch ihrer Krankheit hatte sie zusammen mit meiner zweiten Schwester Medizin studiert.

Die aufgetauchten Probleme lasteten nun automatisch auf den Schultern der ältesten Schwester, weil sie den Status der Ältesten aus der Familie hatte. Dass ihr Studium und die anderen wichtigen Aspekte ihres Lebens darunter litten, war nicht auszuschließen.

Noch heute befindet sie sich in Behandlung, ausgelöst durch den Zusammenbruch der Ehe meiner Eltern und die Tatsache, dass ihr sämtliche Familienprobleme auferlegt worden waren. Ohne dass es jemand aussprach, war ich zuständig für ihre Einlieferung in Kliniken. Ich ging dem auch freiwillig nach, denn die anderen Familienmitglieder hätten die Ausbrüche der Symptome tatenlos hingenommen.

Es gab einen Vorfall, wo ich einen Tag vor einer Klassenarbeit meine Schwester in die Klinik einwies. An einen anderen Tag kann ich mich erinnern, an dem ich meine Führerscheinprüfung absolvierte. An diesem Morgen äußerten sich die Symptome meiner Schwester sehr aggressiv und es musste schnell gehandelt werden. Zum Glück

schaffte ich die Prüfung und erlangte meinen Führer-
schein.

Meine Jugend war unter anderem geprägt von emotionalen
Wutausbrüchen meiner getrennt lebenden Eltern und der
Krankheit meiner ältesten Schwester.

Trotz alledem wollte ich die Entwicklung eines gewöhnlichen Jungen nicht verpassen. Ich begann mit achtzehn
Jahren den Interessen eines pubertierenden Jungen nachzukommen, die man in dem Alter gewöhnlich verfolgt.
Feiern, Ausgehen mit Freunden, Interesse an Mädchen
zeigen und so weiter. Zwar musste ich mir dafür am
nächsten Tag stets einen Vortrag seitens meiner Mutter
und des Restes der Familie anhören, doch für die Erfüllung meiner Wünsche nahm ich diesen Preis in Kauf.

Neben all den Strapazen gelang es mir, mein gesetztes
Ziel zu erreichen und auf das weiterführende Gymnasium
zu gehen. Allerdings war die Entscheidung für das Gymnasium nicht freiwillig. Ich war zu dem Zeitpunkt siebzehn
Jahre alt, als ich mit dem Gedanken spielte, mein Abitur
auf einem Wirtschaftsgymnasium zu absolvieren. Doch der
Vorschlag stieß bei meiner Mutter auf enormes Entsetzen,
welches sie mit dem folgenden Satz unterstrich: „Wenn du
auf eine andere Schule gehst, brauchst du gar nicht nach
Hause zu kommen."

Sie können sich sicher vorstellen, dass einem in einer
solchen Situation die Hände gebunden sind und man keine
andere Wahl hat, als dem Willen der Eltern – in meinem
Fall meiner Mutter – nachzukommen. Zumal meine beiden
Geschwister ihr Abitur auf demselben Gymnasium absol-
vierten und meine jüngste Schwester sich ebenfalls dort

befand. Aus diesem Grund wäre es eine Schande für die Familie Manickavasagan gewesen, wenn der Sohn sich für eine andere Schulform entschieden hätte. Gezwungenermaßen blieb ich also auf dem Gymnasium, welches zuvor meine Geschwister besucht hatten.

Mit neunzehn Jahren musste ich zwangsweise das Haus verlassen, weil sich aufgrund des dauerhaften Kontakts zu meinem Vater die Beziehung zu meiner Mutter in den Jahren zugespitzt hatte. Für einen Zeitraum von vier Wochen zog ich zu meinem Vater. Innerhalb dieser Zeit gelang es mir, eine für mich geeignete Wohnung zu finden, welche ich vom Unterhalt finanzierte, den mein Vater an mich zahlte. In dieser Zeit befand ich mich in meiner Klausurphase in der Jahrgangsstufe 12.1.

Kurze Zeit nach meinem Auszug aus der Wohnung meiner Mutter kamen die Symptome meiner an Diabetes erkrankten Mutter zum Ausbruch. Sie hatte bereits lange Jahre unter der Krankheit gelitten. Zwei Jahre lang hatte sie ihre Medikamenten-Einnahme vernachlässigt. Es kam zu Wasseransammlungen in den Beinen und in der Lunge. Zu Hause in ihrer Wohnung nahm man den Verlauf ihrer Krankheit tatenlos hin, bis ich kontaktiert wurde. Angesichts ihres kritischen Zustands, von dem ich mir vor Ort ein Bild machte, ergriff ich trotz ihres Widerstands die Initiative, den Notarzt zu alarmieren und sie ins Krankenhaus einzuliefern. Die Allgemeinärztin aus Ratingen, die an dem Tag Notdienst hatte, redete mit langer Geduld und viel Protest auf sie ein, bis sie sich entschied, dort zu bleiben. Auf der Intensivstation erfuhr ich von dem behandelnden Arzt die oben genannte Diagnose. Hätte ich meine Mutter nicht eingeliefert, wäre sie an den Folgen der Symptome innerhalb weniger Tage verstorben.

Der Klinikaufenthalt meiner Mutter wurde begleitet von weiteren Aufenthalten in anderen Kliniken, unter anderem auch in einer Augenklinik. Mein Alltag sah in dieser Zeit so aus, dass ich von morgens bis mittags die Schule besuchte und die Nachmittagsstunden in der Klinik oder mit dem Transport meiner Mutter in andere Kliniken verbrachte. Unter diesen Strapazen litten meine schulischen Leistungen. Mit Glück schaffte ich die Versetzung in die Jahrgangsstufe 13 und somit auch die Erlangung der allgemeinen Fachhochschulreife. Nach dem Abbruch der Schule ein paar Wochen später führte mein weiterer Weg mich zum Flughafen, wo ich meine erste Erfahrung in der Arbeitswelt sammelte und zugleich die Erfüllung meines Traumes erlebte, nämlich einmal am Flughafen zu arbeiten.

Es war nicht einfach für mich, meine Mutter auf dem schweren Weg bis zu ihrem Tod zu begleiten. Sie verstarb am 25. September 2008 um 17:30 Uhr im katholischen Marien-Krankenhaus in Ratingen. Damals bekam ich einen Anruf von meiner ältesten Schwester, dass sich ihr Zustand verschlimmert hätte. Ohne zu verstehen, was das bedeutete, nahm ich den Anruf entgegen, da ich noch ihren stabilen Zustand eine Woche vor ihrem Tod in Erinnerung hatte.

Der behandelnde Arzt war auf Anordnung meiner Mutter seiner ärztlichen Schweigepflicht nachgekommen und hatte mich nicht über ihren gravierenden Zustand in Kenntnis gesetzt. Bei meiner Ankunft im Krankenhaus war sie schon verstorben, was mir jedoch im ersten Au-

genblick gar nicht auffiel. Erst nachdem eine Kranken-
schwester ihr Herz abgetastet hatte, erhielt ich die Bestätigung, dass sie tot sei. Schockiert und in Trance versetzt,
nahm ich ihren Tod wahr und machte mich auf den Weg
zu meinem damaligen Arbeitgeber am Flughafen, den ich
über die Tragödie in Kenntnis setzte und um eine entsprechende Auszeit bat. Diese Auszeit wurde mir zunächst
zugebilligt, jedoch nach späterer Verlängerung durch eine
Kündigung seitens des Arbeitgebers schließlich beendet.

Das Jahr 2008 war für mich demnach ein Jahr schwerer
Schicksalsschläge. Zunächst die Krankheit meiner Mutter
und der Abbruch der Schule. Danach ihr Tod und die
Kündigung meines Arbeitsplatzes. Um den letzten Willen
meiner Mutter zu erfüllen, setzte ich ihre Urne bei einer
Seezeremonie in Sri Lanka bei. Ich sah es als meine Pflicht
an, ihre letzten Überreste in ihre verlassene Heimat zu-
rückzubringen.

Durch die einjährige Arbeitserfahrung hatte ich die formel-
le Genehmigung für ein Studium an einer staatlich aner-
kannten Fachhochschule erhalten. Um nicht an einem
Punkt stehen zu bleiben, ließ ich es nicht unversucht, mich
an den staatlichen Hochschulen zu bewerben. Aufgrund
der Schilderung meiner schweren Vergangenheit erhielt ich
zu meinem Glück im Frühjahr 2009 einen Studienplatz der
Betriebswirtschaftslehre an der Fachhochschule Aachen.

Innerhalb kürzester Zeit gelang mir aus eigener Kraft der
Umzug nach Aachen. Bevor ich jedoch Ratingen verließ,
riet mir meine damalige Hausärztin, mich in Psychotherapie zu begeben, um den plötzlich eingetretenen Tod
meiner Mutter zu verarbeiten.

Bis zu diesem Zeitpunkt hätte ich selbst nicht gedacht, dass ich eines Tages so weit gehen würde, Hilfe von außen in Anspruch zu nehmen, da ich bis dahin ja auch alles allein geschafft hatte. Mit dieser Einstellung verwahrte ich die Überweisung zum Psychotherapeuten in meiner Schublade und konzentrierte mich auf die anderen Dinge, die bevorstanden, wie das Einleben in der neuen Hochschule und der Stadt Aachen. Nach kurzer Zeit merkte ich, dass mich der Verlust meiner geliebten Mutter wieder einholte. Es war ein unbeschreiblicher Sturm an Emotionen, gefolgt von Tränen. So machte ich mich auf die Suche nach psychotherapeutischer Hilfe.

In Aachen gab es eine Vielzahl von Therapeuten, vor allem in unterschiedlichen Bereichen wie „Tiefenpsychologische Therapie" oder „Verhaltenstherapie", Begriffe, mit denen ich zunächst nichts anfangen konnte.

Ich war auf der Suche nach jemanden, der mir helfen würde, aus dem Sog der Gefühle herauszukommen, da ich nicht mehr die Kraft dazu hatte, mir allein zu helfen, wie es mir in den Jahren zuvor gelungen war. Auf Anrufbeantwortern von Therapeuten und Therapeutinnen hinterließ ich jeweils mein Anliegen und erklärte, warum ich gerne eine Therapie anfangen wollte. Viele meldeten sich zurück und vertrösteten mich mit der Begründung, dass ihr Terminkalender schon überfüllt sei und sie mir für meine weitere Suche alles Gute wünschten. Eine Therapeutin gab mir den Hinweis, dass ich eine „tiefenfundierte und analytische Psychotherapie" bräuchte. Mit Hilfe dieses Ratschlags konnte ich in meiner weiteren Suche konkreter werden. Bis ich eines Tages von einer diplompsychologischen Psychotherapeutin einen Anruf bekam und sie mich zu einem Treffen einlud. Bereits beim ersten Gespräch konnte ich eine Verbundenheit fühlen und beschloss im Mai 2009, mich mit ihrer Hilfe von dem Strudel der Gefühle zu befreien.

Anfangs war es nicht einfach, dazusitzen und zu sprechen, zumal ich mich zuvor noch nie einer fremden Person anvertraut hatte. Doch im Laufe der Zeit vertiefte sich das nötige Vertrauen und ich öffnete mich ihr gegenüber mehr und mehr. Dabei kamen nicht nur die schweren Erlebnisse bis zum Tod meiner Mutter zur Sprache, sondern auch all die Ereignisse in meinem Leben, die mich seit meiner Kindheit geprägt hatten und die ich unbewusst jahrelang mit mir herumgeschleppt hatte.

Mit der Zeit wurde mir die Therapie eine Art wichtige Lebenshilfe. Umso mehr erkannte ich, dass es wichtig war, mit der eigenen Vergangenheit abzuschließen, um für die Zukunft mit mir selbst im Einklang zu sein. Mein gesamter Charakter wurde innerhalb der Therapie analysiert und ich fing an, mich aus einem anderen Blickwinkel zu sehen. Ich erkannte und beseitigte einige Blockaden, die ich mir in der Vergangenheit selbst aufgebaut hatte. Zudem lernte ich, mit meinen verletzten Gefühlen umzugehen und vor allem, diese zu heilen und sie nicht zu ignorieren.

Eine solche Konfrontation mit den eigenen Emotionen beinhaltet gleichzeitig den dazugehörigen Schmerz, den man in dem Moment spürt. In Gesprächen mit meiner Therapeutin wurde mir klar, dass auch ein starker Mann Gefühle zeigen darf, ohne dabei den Anschein zu erwecken, dass es „komisch" oder „seltsam" sei. Eineinhalb

Jahre befand ich mich in der Therapie, bis ich dann zu einem anderen Therapeuten wechselte, da die bisherige Therapeutin die Kassenzulassung aufgab.

Mit Hilfe der weiteren Therapie fing ich an, mir während der folgenden Lebensabschnitte und neu eintretender Schicksalsschläge selbst zu helfen. Das Grundwerkzeug, welches mir durch die monatelange Therapie mitgegeben worden war, konnte ich nun in bestimmten Lebensabschnitten anwenden.

Im Jahre 2011 ereignete sich eine schwere Beziehungstrennung, die mit einem gerichtlichen Verfahren auseinanderging. Unabhängig von der Trennung verlor ich im selben Jahr meine zuvor begonnene Ausbildung bei einer Heizungsfirma, die sich im Großhandel mit der Auslieferung firmeneigener Heizkörper beschäftigte.

Zwei schwere Schicksalsschläge, die sich binnen weniger Wochen ereigneten und mich viel Energie und Nerven kosteten. Zu dieser Zeit stand mir neben meinem psychologischen Therapeuten, Herrn A., auch eine Ärztin für Psychologie zur Seite, die mir in einigen Gesprächssitzungen die Augen öffnete und unterstrich, dass ich ein sehr starker Mensch sei, der nur aufgrund aktueller Vorkommnisse vorübergehend geschwächt war. Eine Aufnahme in eine Klinik wollte sie mir nicht zumuten, da ich aus psychologischer Sicht gesund war.

Es war ein erneuter Verlust all der Dinge, die ich mir in meinem neuen Leben in Aachen Stück für Stück aufgebaut hatte.

Erschöpft suchte ich neue Kraft in der Musikrichtung namens „Thai Chi". Sanfte Klänge, die meine Gedanken und Gefühlswelt ein wenig besänftigten und der Seele wieder Ruhe gaben.

Spaziergänge in der Natur gaben mir neue Hoffnung, mich für einen Augenblick aus dem Tunnel der Dunkelheit zu befreien. Zudem erschienen mir schlaflose Nächte mit Hilfe dieser Methoden erträglicher.

In dieser Zeit der Regeneration meiner inneren Kräfte ließ ich die vergangenen zwei Jahre Revue passieren. Ich fragte mich, ob das Studium der Betriebswirtschaftslehre wirklich der Weg war, den ich schon immer hatte gehen wollen. Ob mich die begonnene Ausbildung auf Dauer glücklich gemacht hätte?

Ausführliche Gespräche mit meiner mich seit elf Jahren begleitenden Mentorin und ehemaligen Deutsch- und Geschichtslehrerin aus Ratingen brachten mich auf die überzeugende Idee, meinen weiteren beruflichen Werdegang neu zu gestalten. Hesses Gedicht „Stufen", welches einem bei genauer Betrachtung Kraft und Hoffnung verleihen kann, bekam ich durch sie in dieser schweren Zeit mit auf den Weg.

Lassen auch Sie das Gedicht auf sich einwirken und reflektieren Sie, inwiefern manche Strophen auf Ihr Leben zutreffen. Hesse unterstreicht in seinen Versen die Reise durch die Welt, in die man sich als Mensch begibt. Die Zeilen geben die verschiedenen Etappen wieder, in denen wir durchs Leben schreiten. Nicht immer gelingt es uns, in jeder Situation den nötigen Mut und die Kraft aufzubringen. Eine Verinnerlichung der verborgenen Kräfte kann den Menschen zur weiteren Reise durch sein Leben führen und ihm den Mut geben, sich vom Alten zu verabschieden, um das Zukünftige und Neue zu empfangen.

Dies kann auch auf eine Beziehungstrennung übertragen werden. Manche Menschen leiden ihrer „alten Liebe" jahrelang hinterher und können sich nicht von dem Schmerz lösen. Schmerz und Trauer sitzen in solchen Fällen so tief, dass ein Abschied kaum denkbar ist. Was dabei übersehen wird, ist, dass jeder Mensch in der Lage ist, seine Gedanken und Gefühle mit der Zeit zu bündeln. Die ständige Existenz des Schmerzes in seinen Gedanken ist der Grund dafür, nicht über die Trennung hinwegzukommen. Lernt man, die Trennung als solche zu akzeptieren und wahrzunehmen, wird auch die Psyche dies mit der Zeit zulassen und man entdeckt, dass das, was vorher unmöglich erschien, plötzlich denkbar ist.

In Siddhartha heißt es:

„Wasser stärker als Fels, Liebe stärker als Gewalt"
(Hermann Hesse, Dichter, Suhrkamp Verlag)

In uns steckt die Medizin, die wir alle nur entdecken und anwenden müssen. Unsere Gedankenlasten können wir mit der richtigen Methode verringern, sodass wir lernen, mit einer „Narbe" zu leben, ohne dass diese zu einer schmerzlichen Qual wird, an die wir immer erinnert werden.

An dieser Stelle ein kurzer Gedankenanstoß: Vielleicht mögen Sie für sich reflektieren, in welchen Lebensabschnitten Sie es geschafft haben, über einen Verlust oder die Trennung von einem nahen Menschen hinwegzukommen. Auf welche Art und Weise haben Sie es geschafft, das Tal der Schmerzen zu durchqueren?

Der unerwartete und plötzliche Tod meiner Mutter galt für mich in der ersten Phase der Trauer als „unmöglich". Entsprechend war der zu dem Zeitpunkt anhaltende Schmerz auch „unerträglich" und schlimm für mich. Erst als ich anfing, mir Gedanken zu machen, wie ich über den scheinbar unmöglichen Trennungsschmerz hinwegkommen würde, entwickelte sich ein Hoffnungsschimmer, der mich aus der Dunkelheit der Gefühle herausholte. Der Entschluss, zu einer professionellen Therapeutin zu gehen, war der erste Schritt auf dieser Reise hin zum Trost über die schwere Trennung von meiner Mutter. Heute blicke ich auf den langen und mühsamen Weg zurück und bin froh, dass ich diesen Weg gegangen bin, um nicht weiterhin Gefangener meiner eigenen Gefühle zu sein. Es ist mir möglich, über den Tod meiner Mutter zu sprechen, ohne dabei in einen Sog voller Emotionen zu fallen. Das wäre mir vor der Therapie nicht ohne Weiteres möglich gewesen.

Die Entdeckung meiner eigenen Fähigkeiten, mich in andere Menschen hineinzuversetzen und ihre Gefühle zu verstehen, gelang mir vor allem in der eigenen Therapie. Neben meinem Studium fing ich an, mich mit der menschlichen Psychologie zu beschäftigen. Mein Hintergedanke war es, einen besseren Einblick in die verletzten Gefühle und die daraus resultierenden Verhaltensweisen eines Menschen zu erhalten.

Das Leben ist zwar kein Wunschkonzert, doch sollte jeder Mensch für sich den Weg wählen, mit dem er sich identifizieren kann. Ein ungewollt ausgeübter Beruf oder eine nicht erwünschte Ehe frustrieren auf Dauer oder machen einen Menschen psychisch krank. Vermehrt lese ich die neusten Statistiken über psychischen Krankheiten in Deutschland wie Depressionen, Burnout und all die anderen psychischen Symptome. Die Anfälligkeit ist ein Resultat aus dem, was man sich selbst im Laufe seiner Jahre zumutet. Die Überforderung in Form von Stress und vor allem ignorierter Unzufriedenheit im Arbeitsleben oder Familienleben ist eine mögliche Folge des Ganzen.

Die damalige Suche nach fachlicher Unterstützung hilft mir heute, mit den Strapazen umzugehen und mich dabei nicht hängen zu lassen. Wenn sich gelegentlich der innere Zweifler zu Wort meldet, motiviere ich mich wieder, indem ich mir sage, dass es nur noch schlimmer werden kann, wenn ich aufgebe.

In der tamilischen Kultur sowie in anderen Kulturen gibt es Menschen, die Opfer ihrer eigenen Schicksalsschläge werden und dann auf die falsche Bahn geraten, die sie nicht mehr verlassen können. In einigen Fällen reden die Betroffenen sich ein, dass es für sie kein Zurück gibt und sie nichts mehr ändern können, weil sie sich schon in einer so miserablen Situation befinden. Sie schließen für sich persönlich mit dem Leben ab.

Wenn jemand bereit ist, sein Leben zu verändern, und dafür in Kauf nimmt, die Veränderungen zuzulassen, kann dies auch erfolgen. Nicht innerhalb kürzester Zeit, doch mit dem nötigen Willen und dem Ansporn, etwas ändern zu wollen, kann es einem gelingen. Diese Fähigkeit besitzen alle Menschen auf dieser Welt. Wenn jemand etwas Außergewöhnliches und Besonderes erreicht, bewundern ihn viele dafür. In manchen Fällen redet man sich ein, dass einem selbst so etwas nie gelingen könne. Der fehlende Glaube an sich selbst blockiert die unentdeckten Fähigkeiten, die vielleicht in einem stecken. Die Persönlichkeit wird durch einen inneren Rahmen gefestigt und kann sich nicht weiterentwickeln.

An dieser Stelle appelliere ich an diejenigen, die sich angesprochen fühlen: Haben Sie den Mut, in ihrem Leben etwas zu verändern. Es ist nie zu spät für eine Wende!

Die Psychotherapie

Nach einem privaten Einblick in meine Vergangenheit möchte ich in dem nun folgenden Abschnitt betroffenen Jugendlichen die Notwendigkeit einer professionellen Therapie durch einen niedergelassenen psychologischen Therapeuten oder eine Therapeutin näher erläutern.

Ein Kind, welches sich in einer ständigen Distanz zu den eigenen Eltern befindet, entwickelt im Laufe der Erziehung eine emotionale Distanz zu sich selbst und seiner Umwelt, da es in der Beziehung zu den Eltern Aspekte wie Wärme, Zuneigung oder Geborgenheit nicht vermittelt bekommt. Mit einem solchen Gemütszustand kämpfen viele therapiebedürftige Jugendliche ihr ganzes restliches Leben. Ihnen fällt es schwer, über die gebrochene Kindheit zu sprechen, ohne dabei ein schlechtes Gewissen zu haben. Oft wird der Grund bestimmter Verhaltensweisen der Eltern bei sich selbst gesucht, um das Elternhaus zu schützen. Durch diese Form der Verdrängung belügen sich die Betroffenen selbst. Dieser Belastung auf der Gefühlsebene kann eine gesunde Partnerschaft nicht dauerhaft standhalten, da der Partner aufgrund der überdurchschnittlich starken Gefühlsanforderungen ebenfalls leidet.

Es gibt keine Garantie, dass man mit Hilfe einer Therapie alle Probleme beseitigt, aber es kann der erste Schritt sein, den man geht, um etwas in seinem Leben zu verändern. Nur die Betroffenen selbst können entscheiden, ob sie sich helfen lassen oder nicht. Auch hier ist es ratsam, einen Therapeuten oder eine Therapeutin zu wählen, mit dem oder der man sich gut versteht. Nur so lässt sich ein so tiefes Vertrauen aufbauen, das man braucht, um sich auf den Weg der Suche nach den inneren und verborgenen Gefühlen zu begeben. Wichtig ist es, dass man keine Angst hat und keine Scham vor seinen eigenen Gefühlen.

In dem Buch „Dem Leben Richtung geben" von Prof. Dr. Jörg Knoblauch, Johannes Hüger und Marcus Möckler, über das ich meine damalige Mentorenarbeit im ersten Semester meines BWL-Studiums geschrieben habe, werden unter anderem die negativen Folgen dauerhafter Traurigkeit im Leben eines Menschen thematisiert. Lernt man nicht, mit der eigenen Vergangenheit umzugehen, so lässt man unbewusst die unkontrollierten Gefühle über die Gemütszustände dominieren. Durch eine Selbstprognose hindern manche Menschen ihr Gehirn und ihre Gefühle daran, Erlebtes zu verarbeiten.

Die damalige Beziehungstrennung kostete mich viel Kraft und Überwindung. Zu Beginn war ich mir sicher, dass ich diese Trennung niemals überstehen würde, da ich neben der Trennungsphase zeitnah meine komplette Existenzgrundlage verloren hatte. Eine ideale Gelegenheit, mein Leben den Bach runtergehen zu lassen.

Ich fing an, das Werkzeug zu benutzen, welches ich in den Jahren während der Therapie kennengelernt hatte: Die Gefühle zu ordnen und zur Ruhe zu kommen. Mit der Zeit begann ich, die Trennung zu akzeptieren. Bei der gedanklichen Verarbeitung kam ich zu der Erkenntnis, dass die Beziehungstrennung sich bereits Monate zuvor mehrmals angedeutet hatte und niemand es zu dem Zeitpunkt hatte wahrhaben wollen. Die Eigentherapie ermöglichte es mir, keinen Hass gegenüber der Frauenwelt zu entwickeln.

Manche Männer und auch Frauen empfinden nach einer Trennungsphase Wut und Trauer und ziehen sich auf Grundlage dieser Gefühle vom gesellschaftlichen Leben zurück. Haben sie aber eine solch schwierige Phase überstanden, spielen zwei Faktoren für eine neue Bindung eine wichtige Rolle: die Gedanken und die Gefühle. Sind diese nicht im Einklang, sind die Betroffenen nicht bereit, eine neue Beziehung einzugehen.

Ratsam wäre es, sich Zeit zu nehmen für die Verarbeitung der eigenen Gefühle, um nicht die alten Scherben aus der alten Partnerschaft in die neue Partnerschaft mitzunehmen.

Ist es einem Menschen nicht möglich, die verletzten Gefühle zu verarbeiten, so kann er sich Hilfe bei entsprechenden Stellen suchen. Erfahrene Zuhörer sind unter anderem auch die Mitarbeiter und Mitarbeiterinnen der katholischen Telefonseelsorge. Anonym kann man dort seine Gefühle äußern, während der Gegenüber präsent ist und zuhört.

Gelegentlich griff ich selbst zum Hörer, wenn mich abends meine Gefühle plagten und ich nicht einschlafen konnte. Durch beruhigende und vernünftige Worte des jeweiligen Mitarbeiters beziehungsweise der Mitarbeiterin konnte ich wieder zu mir finden.

Die Einrichtung solcher Institute ermöglicht eine schnelle Hilfe für verletzte Gefühle. Ein anonymer Anruf bei der Telefonseelsorge wäre ein erster Schritt, wenn der Betroffene nicht bereit ist, Hilfe von außen in Anspruch zu nehmen. Manche Männer neigen zu Verschlossenheit gegenüber sich und der Umwelt, wenn ihnen schlimme Erlebnisse widerfahren sind. Die Angst vor der möglichen Präsenz einer Schwäche ist viel zu groß. Manche wollen sich deshalb um jeden Preis schützen. Ignoriert wird bei all dem, dass sie sich innerlich zurückziehen und mit der Zeit in einer eigenen Welt leben, wo die verletzten unbearbeiteten Gefühle hausen, die sonst niemand kennt. Das Gleiche gilt für manche Frauen.

Im Laufe meiner Beobachtungen hörte ich von verletzten und unverstandenen Menschen häufig die folgende Äußerung:

„Wie ich in Wirklichkeit bin, das weiß keiner."

Diesen Satz hätte ich vor einigen Jahren als eine Aussage aufgefasst, die mich erkennen ließ, dass der Mensch nicht zugänglich sei. Heute allerdings sehe ich hinter einer solchen Aussage folgende Nachricht: Im Laufe der Verletzungen, die der Betroffene durch bestimmte Erlebnisse in seinem Leben erfahren hat, hält er seine Gefühle gegenüber der Außenwelt verborgen, um nicht weiter verletzt zu werden. Das bedeutet, dass der Betroffene in seiner Umwelt mit einer Maske lebt und keiner außer ihm selbst sein wahres Gesicht kennt. Ein Resultat von verletzten Gefühlen und Schicksalsschlägen, die zu einer Isolation der eigenen Gefühle führen. Hierzu muss man nicht zwingend allein sein. Manche befinden sich in großen Gesellschaftsrunden und fühlen sich dennoch im Innern einsam. Der Gedanke, dass niemand einen „wirklich kennt" und man mit seinen Gefühlen allein ist, kann auf Dauer zur seelischen Last werden.

Persönlich hatte ich in der Vergangenheit gelegentlich ein solches Gefühl der Einsamkeit. Durch die Inanspruchnahme einer Therapie lernte ich, damit umzugehen, sodass das Gefühl der Einsamkeit für mich nicht mehr belastend war.

Mit der ständigen Angst zu leben, von anderen verletzt zu werden, macht einen Menschen auf Dauer grundlegend misstrauisch gegenüber seiner Umwelt. Mit einem Versuch, seine verletzten Gefühle zu ordnen und mit ihnen abzuschließen, kann es einem Menschen gelingen, in

Einklang mit der rationalen sowie der emotionalen Ebene zu kommen.

Ihr Wille liegt in Ihren Händen!

Die Partnerschaft

Nach einer zerstörten Kindheit neigen Betroffene dazu, die Defizite, die sie aus dem Elternhaus mit sich tragen, durch die Bindung zu einem anderen Menschen auszugleichen. Die Suche nach dem perfekten Partner, der alles wieder gutmachen soll und der sich möglichst keine Fehler erlauben darf. Die Flucht in die Liebe zu einem Menschen als Lösung der eigenen Probleme aus der Kindheitsprägung.

Es gibt Männer, die sich ausschließlich in das Aussehen einer Frau verlieben. Als Mann kann ich es nachvollziehen, dass das Äußere einer Frau bei der Wahl der zukünftigen Partnerin eine Rolle spielt. Ich gehöre auch zu denen, die eine solche Erfahrung gemacht haben. Ich ließ mich allein durch das Aussehen der Frau blenden und berücksichtigte die anderen Aspekte nicht, sodass am Ende der Beziehung eine Enttäuschung folgte. Erst Jahre danach begriff ich, dass die Verständigung zwischen zwei Personen die Basis ist, aus der sich eine funktionierende und dauerhafte Partnerschaft entwickeln kann. Es ist gegenseitige Nachsicht, welche man ebenfalls berücksichtigen sollte.

In der heutigen Jugend kommt eine solche Überlegenheit meines Erachtens viel zu kurz. Erst im Laufe der Beziehung treten die sogenannten Bedürfnisse auf, mit denen sich jeder einzelne Partner an den anderen wendet. In Filmen werden dem Zuschauer unter anderem bestimmte Aspekte verdeutlicht. Typisch für die tamilische Filmwelt ist das Flirten nach folgendem Schema: Ansehen – Arrangieren – Hochzeit.

In der tamilischen Gesellschaft wird der Standpunkt vertreten, dass man sich auch nach der Hochzeit noch ineinander verlieben kann. Unabhängig davon, welche positiven und negativen Eigenschaften der Partner hat, wird dieses Prinzip selbst im Exil noch verfolgt. Die „arrangierte Hochzeit", bei der die Eltern dem eigenen Kind einen Partner beziehungsweise eine Partnerin vorschlagen und es bei einer Zusage zur Hochzeit kommt. Dieses Prinzip erinnert mich an eine Dating-Agentur, mit dem Unterschied, dass die Zusammenführung seitens der Familie unentgeltlich geschieht.

Mein Vater hat acht Geschwister, deren Ehen größtenteils arrangierte Ehen sind. Mein Vater bildete die Ausnahme, da er als Einziger aus der Familie die Initiative ergriff, gegen den Willen seiner Eltern vor dem Standesamt mit meiner Mutter den Bund der Ehe einzugehen. Die Folge seines Handelns war sein Ausschluss aus der Familie. Jahrelang gab es keinen Kontakt zu seinen Geschwistern, die alle arrangiert vermählt worden waren. Ein Teil seiner Neffen wurde ebenfalls, wie deren Eltern, arrangiert verheiratet, weil in der Familie meines Vaters der gewöhnliche Weg des Kennenlernens einer Frau als „falsch" und „zu modern" vertreten wird.

In einigen Fällen, wo die Kinder angehalten werden, eine sogenannte „Zwangsehe" einzugehen, staut sich eine Fülle von Depressionen an, die sich im Fortbestehen der Ehe unterschiedlich äußern können. In konservativen, strukturierten Gesellschaftskreisen wachsen die meisten Kinder mit Klischeebildern auf, worauf sie sich in der späteren Bindung zum Partner berufen. Die Frau soll sich ausschließlich um den Haushalt kümmern und bedarf es nicht, ebenfalls Geld zu verdienen. Der Mann hingegen ist einzig und allein für die ausreichende finanzielle Versorgung des Haushalts zuständig.

Dass in einer solchen Ehe-Konstellation die Gefühlsebene leidet, kann vielleicht der eine oder andere Leser an dieser Stelle vermuten. Jeder ist aufgrund seiner Aufgaben mit sich und den Problemen seines Bereiches beschäftigt. Kommt es zu Auseinandersetzungen, verweist man jeweils auf den Stress, den man in seinem Bereich hat, um sich aus der Verantwortung zu ziehen.

Als ich mich in der Vergangenheit in konservativen Gesellschaftskreisen bewegte, merkte ich, wie die Zeit dort zum Stehen gekommen war. Eingeschränkte Sichtweisen und die Verhinderung möglicher Veränderungen waren die Grundbausteine dieser Kreise. Eine gewisse Anspannung war zu spüren.

Es gibt deutliche Unterschiede in den Verhaltens- und Denkweisen von Menschen, die aus einer konservativen Kultur stammen und diese für sich ausleben im Vergleich zu jemandem, der im Zeitalter der Globalisierung lebt und diese vertritt.

Dahingehend kommt es bei arrangierten Hochzeiten vor, dass zwei völlig unterschiedliche Charaktere zusammenfinden, die in unterschiedlichen Familienstrukturen aufgewachsen sind. Eine Kombination aus einer konservativ eingestellten Persönlichkeit mit jemandem, der die westliche Ansicht vertritt, verursacht auf Dauer Meinungsverschiedenheiten, welche eine Beziehung unerträglich machen können.

In Großbritannien und Deutschland gibt es diesen Trend bis heute noch. Junge Paare werden arrangiert verheiratet und trennen sich meist nach einem Jahr. Die Hochzeit gilt als eine Art Lebensversicherung für die Eltern. Es geht allein um den Ruf des Elternhauses und die Erledigung der nach kultureller Sicht gesehenen „Verantwortungspflicht" gegenüber dem eigenen Kind.

Dass genau diese Scheinmethode Gegenteiliges bewirkt, wird manchen Eltern erst bewusst, wenn das negative Resultat, nämlich die Trennung der zuvor geschlossenen arrangierten Ehe, folgt.

In Deutschland werden seit einigen Jahren Zwangsehen strafrechtlich verfolgt. Es ist verboten, eine zweckgebundene Ehe zu erschleichen. Der Wille und das eigene Leben liegen immer noch in der Entscheidungsbefugnis eines jeden Menschen.

Wer sich in einer Sackgasse des psychischen Drucks befindet, dem empfehle ich zu handeln, statt die Welle zu beobachten und sie auf sich zukommen zu lassen.

Wir können Dinge in unserem Leben verändern und beeinflussen, ohne dass wir das Drehbuch unserer Zukunft anderen überlassen.

Der eigene Weg

Es ist nicht einfach für jemanden, der sich in einem Glashaus befindet und gern den eigenen Weg gehen will. Ratsam wäre es, sich zunächst auf die Suche nach dem eigenen Ich zu begeben, um für sich zu entscheiden, welchen Weg man gehen möchte. Die Suche nach der eigenen Persönlichkeit, die vielleicht durch familiäre Verhältnisse unterdrückt wird, fängt bei einem selbst an. Die Betroffenen haben die Möglichkeit, an ihrem eigenen Wohl etwas zu verändern.

Schon im frühen Alter erkannte ich, dass das Leben in einer konservativen Gesellschaft nicht das ist, womit ich mich dauerhaft identifizieren kann. Im eigenen Elternhaus war ich zwanghaft an konservative Regeln gebunden, die ich befolgen musste, obwohl mein Verstand mir etwas anderes signalisierte als die eingeschränkte Sichtweise meines Vaters. Erst im Erwachsenenalter, als ich die Möglichkeit bekam, mich zu wehren, konnte ich im eigenen Glashaus meine rebellischen Züge zeigen. Das abendliche Ausgehen mit dem Freundeskreis war geprägt von einer abgeschlossenen Gartentür, auf die ich bei meiner Rückkehr nach Hause stieß. Heute lache und freue ich mich über den Einfallsreichtum, welchen ich zu dem Zeitpunkt hatte, um meine jugendlichen Bedürfnisse und

Wünsche zu erfüllen. Dieser Weg war für mich damals von enormer Bedeutung, sodass ich heute ein weltoffener und gesunder Mensch bin, der die Werte einer freien und gesunden Gesellschaft vertritt. Hätte ich nicht die Initiative ergriffen, als Jugendlicher meinen persönlichen Weg zu bestreiten, würde ich heute im Erwachsenenalter einen Nachholbedarf spüren.

Manche Jugendliche haben oft nicht die Möglichkeit, innerhalb eines Glashauses zu rebellieren. Einigen fehlen Kraft und Mut, um durchzuhalten. Die Folge davon ist ein im späten Alter auftretender Bedarf, all die Dinge nachzuholen, die man in seiner Kindheit oder Pubertät verpasst hat.

   Umso wichtiger ist es, die Pubertät in dem Alter auszuleben, in dem man sie auch ausleben sollte, und zwar in einem geregelten und gesunden Ablauf. Nicht zu verwechseln mit dem Verlauf einer unkontrollierten Pubertät, die manche Kinder verfolgen. Betroffene Kinder werden teils Opfer eines ständigen Bedarfs der verpassten Dinge in ihrer Kindheit und Jugend. Eine jahrelange Gefangenschaft in einem offenen Käfig – und die Freiheit erfolgt erst dann, wenn die Kräfte bereits völlig ausgeschöpft sind. Nach erfolgreicher Regeneration meldet sich der Wunsch, die verpasste Kindheit aufzuholen.

Die Sprache

Gern hätte ich mich in meiner Kindheit mit meinen Eltern in der deutschen Sprache unterhalten. Leider beherrschten sie die Sprache nicht, sodass kaum Kommunikation möglich war. Sprachlich war ich in dem Glashaus gezwungen zu denken und die Sätze so zu konstruieren, dass sie in der tamilischen Sprache einen Sinn ergaben.

Wissenschaftliche Studien belegen, dass ein zweisprachiges aufwachsendes Kind im Denken fortschrittlicher und flexibler ist als ein Kind, das einsprachig aufwächst. Aber selbst die Zweisprachigkeit kann Nachteile in der jeweiligen Landessprache bringen, wie beispielsweise die Einnistung eines Akzentes. Während man zu Hause in der Komplexität der Sprachen seine Gedankengänge umstrukturiert, erlebt man denselben Prozess in der Schule, was zu sprachlichen Defiziten führen kann.

In einer konservativen Gesellschaftsstruktur ist sogar die Nutzung englischsprachiger Worte untersagt, mit dem Hintergrund, die eigene Heimatsprache nicht mit anderen Sprachen zu vermischen.

Zu Hause unterhielt ich mich mit meinen Geschwistern hauptsächlich auf Deutsch. In der Kommunikation mit meinen Eltern musste ich auf Tamil umstellen, sodass ich im Laufe der Jahre einen unbewussten indischen Akzent in der tamilischen Sprache entwickelte. Sprachliche Defizite hatte ich dennoch in der Schule, mit denen ich mich schwertat.

Fremde Gesellschaften beobachtend, fallen mir die sprachlichen Defizite und Akzente bei Jugendlichen auf. Die Gründe hierfür sind, dass manche von ihnen sich in ihren privaten Freundeskreisen in ihrer jeweiligen Heimatsprache unterhalten und somit unbewusst ihr Sprachgefühl zu der deutschen Sprache verlieren. Übertragen auf die tamilische Gesellschaft mache ich dieselbe Beobachtung, dass selbst in Deutschland geborene Jugendliche die deutsche Sprache nur mit starkem Akzent sprechen.

Das Beherrschen einer Sprache ist die Grundlage für die Verständigung und das Verständnis der jeweiligen Kultur. Distanziert man sich bewusst von einer Sprache, so entsteht unbewusst eine Distanz zu der jeweiligen Kultur. Das kann unter anderem ein Grund dafür sein, dass einige fremde Kulturen in ihren eigenen Kreisen leben.

Beobachtend stellte ich fest, dass man sich auf tamilischen Feierlichkeiten mit den Menschen aus der ersten Generation, die seit mehreren Jahren in Deutschland leben, nicht auf Deutsch unterhält. Ein komplettes Umdenken und wieder neu Einfühlen in eine andere Sprache.

In der Vergangenheit war der Besuch solcher Feiern für mich wie ein freiwilliger Gang in das eigene Glashaus, weil dort dieselben Umstände gegeben waren wie teils zu Hause – mit dem Unterschied, dass die Dimension größer war.

Oft saß ich in einer angespannten Körperhaltung und fühlte mich wie in einer anderen Welt, die mit der Welt, in der ich draußen lebte, nicht übereinstimmte. In Gesprächen mit anderen Jugendlichen teilte ich deren Ansicht, dass man sich dort wie in einem geschlossenen Raum fühlte, in dem man beobachtet wurde.

Hier kommt der Punkt mit der deutschen – fremden – Sprache ins Spiel. Würden sich die Menschen auf den Feiern auf Deutsch unterhalten, so würden sie dem Ort eine komplett europäische Atmosphäre verleihen. Diese

Erkenntnis kam mir bei meiner Anwesenheit auf Veranstaltungen in Großbritannien und Kanada. Dort herrschte eine gemischte Atmosphäre, die durch die Anwendung der englischen Sprache seitens der ersten und zweiten Generation gelockert wurde. Der sprachliche Rahmen wurde nicht ausschließlich auf die tamilische Sprache gesetzt.

Manche Jugendliche beherrschen ihre eigene Heimatsprache nicht so gut wie die eigenen Eltern. Ein möglicher Grund kann sein, dass sie mit den Jahren im ständigen Wandel zwischen zwei Sprachen in ihrem eigenen Sprachgefühl verunsichert sind und nicht wissen, auf welche Sprache sie sich konzentrieren sollen. Gerade in Auseinandersetzungen mit den Eltern kommen die Schwierigkeiten in der „fremden Sprache" – Tamil – zum Vorschein.

Es sind bereits sechs Jahre, in denen ich fern von meinem Zuhause lebe. Dabei merke ich, dass mir die Entlastung meines Gehirns auf der sprachlichen Ebene guttut. Ich bin gedanklich nicht mehr zwischen zwei Welten gefangen und kann mich auf die Landessprache konzentrieren. Zu Hause wäre mir die Entlastung auf der sprachlichen Ebene nicht aufgefallen, da ich selbst ein Mitglied des Systems war.

Das Internet

Das World Wide Web, heute in kaum einem Haushalt mehr wegzudenken. Sehr viel Nutzbares, aber auch viele Gefahren, welche dieses Medium in sich birgt, wenn es in Hände gerät, die damit nicht umgehen können.

Gerade Kinder, die nicht die Möglichkeit haben, ihre Freizeit mit sportlichen oder anderen Aktivitäten zu gestalten, flüchten oft in die Cyberwelt. Metaphorisch ausgedrückt: kleine Fische, die sich in einem See voller Gefahren und Tiefen befinden, und es ist eine Frage der Zeit, bis sie Opfer werden.

Gängige Chat-Programme wie MSN oder Chat-Foren bieten seelisch verletzten Kindern die Möglichkeit, anonym ihre Gefühle niederzutippen. Oft lungern in manchen Foren unbegrenzte Gefahren, von denen besonders Kinder nichts ahnen und manch eines Opfer von Gewaltdelikten wird.

In einem Fall, der mir bekannt ist, chattete ein junges Mädchen mit einem weitaus älteren Mann, der zufällig aus ihrer Stadt kam. Naiv gab sie ihre Daten preis, ohne darüber im Klaren zu sein, welche Folgen das haben konnte. Folglich lauerte dieser Mann dem Mädchen heimlich in der Nähe ihrer Arbeitsstelle auf und versuchte ihr gegenüber seine (Liebes-)Gefühle zu äußern. In ihrer Hilflosigkeit schilderte sie ihr Problem in einem Forum, in welchem ich tätig war. Sie stellte ihre Fragen offen an die anderen Forenmitglieder und bat um Rat, was in ihrem Fall zu machen sei.

Ich riet ihr, dem Mann gegenüber bei einer weiteren Konfrontation klare und verdeutlichende Worte auszusprechen und ihm zu signalisieren, dass sie einen weiteren Kontakt nicht wünsche, da sie sonst angewiesen sei, rechtliche Schritte einzuleiten. Diesen Vorschlag konnte sie erfolgreich in die Tat umsetzen, was einem entsprechenden Feedback im Forum zu entnehmen war.

Für mich persönlich war dieser Fall eine erste Begegnung mit Vorkommnissen in der eigenen Kultur im Exil. Dass es so etwas wie „Pädophile" auch in der tamilischen Kultur gibt und dass diese Tatsache durch die in der Gesellschaft produzierte Scheinwelt verheimlicht wird, war für mich umso schlimmer. Die Scheinwelt der tamilischen Gesellschaft bietet den Nährboden für derartige Fälle. Die potentiellen Täter wissen, dass betroffene Personen nicht zu ihren Eltern gehen – aus Gründen der Scham und der Angst, dass der Ruf der Familie durch eine Berichterstattung geschädigt würde.

Betroffenen Menschen kann ich an dieser Stelle den Rat geben zu handeln und nicht zu warten. Die erste Anlaufstelle für Hilfe suchende missbrauchte Opfer gibt es bei entsprechenden Polizei-Beratungsstellen oder auch speziellen Organisationen, die den Betroffenen mit Rat und Tat zur Seite stehen. Der Verein „Weißer Ring", dessen Zweige bundesweit verbreitet sind, ist auf Missbrauchsfälle spezialisiert.

Auch mir persönlich sind Missbrauchsopfer begegnet. In ihren Berichten spürte ich die wachsende Wut und die Gefühle, die bei der Schilderung ihrer Erinnerungen aufkamen. Am Ende antworteten manche bei der Frage nach dem weiteren Vorgehen gegen die Täter mit der folgenden Aussage:

„Es geht schon, ich habe es verarbeitet."

In Wirklichkeit aber belügen sie sich selbst. Dieser Schmerz, der ihnen zugefügt wird, begleitet sie so lange, bis sie in Situationen, in denen die alten Erinnerungen aufkeimen, von ihren Gefühlen überwältigt werden. Haben diese Opfer noch zusätzlich eine Distanz zu ihren eigenen Eltern und befinden sich dazu in einem konservativ verstrickten Familiensystem, ist es umso schwerer für sie, ihre Erlebnisse an die Öffentlichkeit zu bringen. Eine psychische Wunde tut sich auf, die durch Ignoranz nicht geheilt werden kann.

In meiner Zeit in der tamilischen Cyberwelt konnte ich Zeuge von Missbrauchsberichten Betroffener werden. Auf die Frage hin, warum sie das Erlebte nicht ihren eigenen Eltern erzählen, bekam ich folgende Antworten zu hören:

„Sie würden es mir nicht glauben."
„Sie würden es nicht verstehen."
„Das bringt nichts."

Eine zusätzliche Enttäuschung seitens der Eltern, welche die betroffenen Opfer erfahren.

Man sollte keine Angst haben, sich zu wehren und den nötigen Weg zu gehen. Denn niemand hat das Recht, die Würde eines Menschen durch etwaige Handlungen zu verletzen. Es gibt in Deutschland viele Gremien, an die man sich wenden kann. In diesem Zusammenhang appelliere ich an alle Betroffenen, die Opfer solcher Handlungen sind: Machen Sie den ersten Schritt für ihr eigenes Leben!

Ein anderer Aspekt in der Welt des digitalen Mediums ist die dortige Scheinwelt, in die sich viele Jugendliche begeben, manche mit der Hoffnung, die Liebe fürs Leben zu finden. Dieses Konzept wird selbst in manchen Dating-Portalen vermarktet und die Zahl der Anmeldungen ist stetig steigend. Es gibt Online-Partnerbörsen, Online-Bekanntschaften, Dating-Foren und andere.

Heute haben wir eine ganze Palette solcher Plattformen, die einzig und allein eine vereinfachte und schnelle Bekanntschaft zum anderen Geschlecht vermitteln. Ob einem das Auftreten der Person im wirklichen Leben gefiele, spielt zunächst eine untergeordnete Rolle. In Chat-Programmen wie MSN und dergleichen kommt es ebenfalls zu schnellen Bekanntschaften, aus denen so manche Liebesbeziehung erwächst, die im weiteren Verlauf alles andere als realitätsnah ist.

Auch ich wurde Teil einer solchen Internet-Bekanntschaft, während ich mich in der Vergangenheit in einem konservativen Denkmuster befand. Ich blockierte mich im wirklichen Leben mit Vorstellungen wie der, dass es nach kultureller Sicht falsch sei, ein tamilisches Mädchen in der Öffentlichkeit anzusprechen, und suchte in der Cyberwelt nach der Liebe. Eine gescheiterte Beziehung folgte. Nach einer gewissen Zeit merkte ich, dass die Person, die ich aus der Scheinwelt Internet kannte, in der Realität nicht meinen Vorstellungen entsprach. Zwanghaft versuchte ich mir einzureden, dass es dennoch klappen könnte, da ich mich ansonsten vergeblich nach einer Beziehung gesehnt hatte.

Die Tatsache jedoch, dass die Cyberwelt wirklich nur eine digitale Welt ist, die nichts mit der Realität zu tun hat, musste auch ich eines Tages verstehen und akzeptieren. Im Nachhinein erweiterte mir diese Erfahrung mein gedankliches Spektrum und die Ansicht darüber, dass man einen Menschen im wirklichen Leben mit all seinen Zügen und Verhaltensweisen kennenlernen sollte.

In meinem eigenen Bekanntenkreis konnte ich Parallelen feststellen. Dort führte eine Internetbekanntschaft zu einer Beziehung, die im weiteren Verlauf scheiterte.

Meist sind es Mädchen, die sich nicht trauen, sich in der Öffentlichkeit auf eine Konversation mit dem anderen Geschlecht einzulassen und die die Kommunikation in der Cyberwelt suchen – eine Reaktion auf das Unterdrücken der eigenen Bedürfnisse und Wünsche.

Man sollte sein Ziel, einen Partner beziehungsweise eine Partnerin kennenzulernen, nicht durch etwaige Hürden verstellen. In den Nachrichten sah ich, wie es sogar zu Todesfällen kam, weil die „Liebe" einer Chat-Partnerin bei einem Treffen in der realen Welt nicht erwidert worden war. Die betroffene Person oder der Täter hatten beim Chatten eine Welt aufgebaut, in der das Idealbild des Gegenübers geschaffen wurde, welches letztlich beim persönlichen Zusammentreffen nicht standhielt.

Eine Isolation aus der eigenen Umwelt ist einer der wichtigsten Gründe für die Flucht in eine Cyberwelt. Stößt man im Internet auf eine Person, die einem Zeit widmet, entwickelt sich mit der Zeit ein Gefühl von Geborgenheit und Wärme. Manche denken, dass es sich hierbei um wahre Gefühle handelt und dass der Chat-Partner mitfühlt. Die Gedanken der anderen Person werden durch Vermutungen aufgestellt und festgehalten, um das perfekte Bild bis zu einem Zusammentreffen aufrechtzuerhalten. Die Wahrheit ist, dass man nicht erahnen kann, was der andere in dem Moment wirklich fühlt und denkt, da die Person nicht vor einem steht.

Ein erster Schritt, um nicht selbst Opfer einer solchen Scheinwelt zu werden, sollten soziale Kontakte sein. Sich unter Menschen aufzuhalten und nicht in Einsamkeit zu versinken, ist eine gute Medizin gegen die Flucht ins Internet.

In meinem heutigen Leben blicke ich gelegentlich auf eine traurige und vor allem einsame Zeit im Internet zurück, in der ich mich von der allgemeinen Umwelt distanzierte und Kontakt in der Scheinwelt aufsuchte. Ich suchte Kontakt zu Menschen und lebte eine Zeit lang in meiner eigenen Welt. Erst als ich selbst den Schritt aus dieser Welt machte, sah ich die darin verlorene Zeit. Heute weiß ich, dass ich es als extrovertierter Mensch nicht nötig hatte, mich vor der Umwelt zu verstecken, um in Kontakt mit Menschen zu kommen. Es waren meine verletzten Gefühle, die zu meiner Zuflucht in die Cyberwelt geführt hatten. Die Gründe waren die damals aufgetretenen Probleme, mit denen ich mich allein auseinandersetzen musste, weil ich zu der Zeit – es war vor meinem Studium – keine professionelle Hilfe hatte, die mir zur Seite stand.

Die Ernte meiner begonnenen Psychotherapie liegt darin, dass ich mich in Zeiten der Einsamkeit nicht von der Umwelt isoliere oder erneut die Flucht ins Internet antrete.

Manchmal will man nur die Flucht ergreifen vor den aufkommenden Gefühlen und versucht, die in der Flucht enthaltene Ruhe zu genießen.

Falls sich jemand hier angesprochen fühlt, so rate ich. Haben Sie den Mut, den Kontakt zu der eigenen Umwelt wiederherzustellen. Und haben Sie die Kraft, auf Menschen zuzugehen und sich nicht in der Einsamkeit zu verschließen. Sie werden mit der Zeit merken, dass aus Ihrer neuen Gewohnheit ein neues Ich entsteht.

Eines Tages hörte ich im tamilischen Radio IBC ein aufgezeichnetes Interview mit dem damals in Sri Lanka bekannten tamilischen Rechtsanwalt Kumar Ponnampalam, der sich unter anderem für die Menschenrechte der in Sri Lanka lebenden Tamilen einsetzte. Im Gespräch kritisierte er das bei Tamilen gängige Verhalten bei Konflikten in der Öffentlichkeit.

„Wir Tamilen neigen oft dazu, dass wir die Dinge vor uns herschieben. Haben Sie den Mut, zur Polizei zu gehen und Anzeige zu erstatten, denn nur so kann man gegen das Verbrechen kämpfen."

Die Betonung liegt auf „Mut", und daran scheitern meines Erachtens viele im Exil lebende Tamilen. Die Angst vor den rechtlichen Formalitäten und das damit verbundene Aufsehen innerhalb der kulturellen Gesellschaft bilden die Blockaden für ein solches Vorgehen. Das Aufschieben der Dinge verursacht die Faulheit im eigenen Handeln, sodass das das ursprüngliche Konzept der Betroffenen, gegen die Täter vorzugehen, in den Schatten rückt. Es ist lediglich eine Grundhaltung. Wenn diese verändert wird, kann auch verhindert werden, dass innere Blockaden gar nicht erst zustande kommen und man seinen Rechten als Mensch nachgehen kann.

Die verbotene Liebe

Trotz jeglicher strengen Richtlinie kommt es gehäuft zu heimlichen Beziehungen innerhalb der Jugendlichen, die in konservativen Strukturen leben. Beobachtend festzustellen sind es Kinder aus strengen Elternhäusern, die durch eine heimliche Beziehung versuchen, ihre Sehnsucht nach der Liebe zu erfüllen.

Mit verletzten Gefühlen eine Partnerschaft einzugehen, um die Heilung dort zu finden, ist der falsche Ansatz. Das Bauchkribbeln löst sich innerhalb kürzester Zeit auf, wenn die zerstörte Gefühlswelt, die man von zu Hause mit sich schleppt, wieder die Oberhand gewinnt.

Ein anderer Aspekt für die Suche nach der „verbotenen Liebe" kann sein, dass Betroffene eine Ablenkung von den strengen und unterdrückenden Gegebenheiten suchen, die zu Hause herrschen. Sie sind sich dessen nicht bewusst, was sie von ihrem zukünftigen Partner erwarten und welche Eigenschaften er besitzen sollte, um mit ihm eine dauerhafte Partnerschaft führen zu können. In einigen gescheiterten jungen Beziehungen wurde manch ein Partner mit der folgenden Begründung konfrontiert:

„Meine Familie akzeptiert dich nicht."

Ist man zudem während der Dauer der Beziehung auch noch unglücklich, wird eine solche Formulierung gern als Ausrede verwendet, um die Beziehung zu beenden. Auch der Einfluss der Familie trägt natürlich dazu bei, dass man sich von der zuvor getroffenen Fehlentscheidung distanziert.

Eine Beziehung als Zuflucht vor den verletzten Gemütszuständen. Vergleichsweise sieht man so etwas auch in der Auflösung einer Beziehung zwischen zwei Menschen. Einige können den Schmerz einer Trennung nicht verarbeiten und stürzen sich gleich in die nächste Beziehung, ohne die Vergangenheit verarbeitet zu haben. Die Flucht zu einem anderen Menschen aus Angst, mit der eigenen Gefühlswelt konfrontiert zu werden, ist keine dauerhafte Lösung.

Während der eine Partner vielleicht im Einklang mit dem Leben ist, wird er mit der verletzten und hilfebedürftigen Seite des anderen Partners konfrontiert, was auf Dauer zulasten der Beziehung geht.

Diesen Menschen kann ich empfehlen, zunächst mit sich selbst und ihrer Umwelt ins Reine zu kommen, bevor sie sich in eine Bindung zu einem anderen Menschen einlassen.

Sowohl auf rationaler als auch auf emotionaler Ebene sollten beide auf einer Wellenlänge sein, um sich auf den jeweils anderen Menschen konzentrieren zu können. Sonst kann es passieren, dass die komplette Aufmerksamkeit vom Partner selbst gefordert wird.

An dieser Stelle möchte ich dem Leser meinen Gedankenansatz über die Liebe ans Herz legen:

Liebe

Liebe ist das schönste Gefühl, welches den Menschen zu einem glücklichen und vollkommenen Leben verhilft. Je mehr die Liebe gebrochen wird, umso schmerzlicher sind ihre Wunden und Narben.

Das Vertrauen in die Liebe schwindet und mit der Zeit kehrt die innere Einsamkeit ein. Dem Anfang einer neuen Liebe stehen unendliche Hürden und Blockaden im Weg.

Zeit und Geduld können Narben und Wunden heilen!

Hier versuche ich, die Definition von „Liebe" zu erklären. Eine negative Erfahrung in der Liebe darf die Hoffnung auf einen Neuanfang nicht zerstören. Vielmehr kann es einem Menschen durchaus gelingen, dass er in der zweiten Begegnung das Ersehnte, also das, wonach er auf der Suche war, empfängt. Die „Wunden" stehen für die Enttäuschungen und Verletzungen, die man im Laufe seines Lebens durch gescheiterte Beziehungen erfährt. Auch diese Narben können heilen, wenn man es zulässt. Der Aufbau und die Hoffnung in einer neu aufkeimenden Liebe geben neue Kraft und Energie.

Doch es braucht Zeit und Geduld, den Dingen seinen Lauf zu lassen.

Dieses Gefühl, das jeder Mensch auf Erden mitbekommt, soll nicht durch negative Erfahrungen zerstört werden. Hierzu ein weiterer Gedanke:

Herz

Ein unverletztes Herz gleicht einer unberührten Rose, bei der das Verwelken noch nicht begonnen hat. Doch selbst der Schein einer schönen Rose kann das menschliche Auge trügen, so auch ein Herz, welches das Gefühl der Liebe nie zu spüren bekam. Die Gefühle von Geborgenheit und Liebe für einen fremden Menschen bleiben im

Schutz des Käfigs gefangen. Die unendliche Sehnsucht nach Liebe, die nie zuvor verspürt wurde, verbirgt sich im Herzen.

Ein verletztes, mit Narben versehenes Herz strahlt nicht die Schönheit eines unversehrten Herzens wider. Narben und Wunden stehen für eine Geschichte, die das Herz mit sich trägt. Erinnerungen und Leid begleiten die Reise durchs Leben. Doch sind es gerade die Kanten, die an die vergangene schöne Zeit erinnern. Aus Narben folgt die Angst, die das Vertrauen in eine neue Liebe blockiert. Gefangen in der Angst vor erneuten Enttäuschungen ziehen wir uns in unsere Herzen zurück. Der erste Schritt zur Reise in bislang unbekannte Menschen lässt Wunden und Narben heilen.

Je älter das Herz ist, desto mehr Narben trägt es. Und je mehr Narben es trägt, umso größer ist die Angst. Gelingt es der Liebe, ein solches Herz zu erreichen und sein Vertrauen zu gewinnen, so kann daraus eine neue Rose gedeihen, die schöner und stärker strahlt als jede unberührte Rose ...

Hier handelt es sich um die Beschreibung des Gemütszustandes eines Menschen, in dem er sich nach einer Trennung vom Partner befindet. Diese Zeilen sollen Mut machen, die Hoffnung auf eine neue Liebe nicht aufzugeben, was manche nach einer Trennung unbewusst tun. Eine oder mehrere negative Erfahrungen sind keine Basis für die Verurteilung der Liebe, denn es sind die Erfahrungen, aus denen man lernt und weiterlebt. Die Narben im späten Alter spiegeln die Beziehungen zu Menschen wider, die uns bis zu einem bestimmten Punkt begleiten und durch eine Narbe in unserem Herzen verlassen. Diese können verheilen und dem Herzen die Möglichkeit geben, sich in neue Bindungen mit neuen Menschen einzulassen.

Betroffenen Jugendlichen möchte ich sowohl durch meine Beobachtungen, die ich in der tamilischen Gesellschaft gemacht habe, als auch durch persönliche Erfahrungen einen Spiegel vor Augen halten, damit sie sich selbst betrachten können. Der Vorteil des Ganzen besteht darin, dass es zu einer eventuellen positiven Wende innerhalb der ersten jungen Generation kommen kann, wenn sich die Betroffenen dazu entschließen, eine Lehre zu ziehen und das Erlernte anzuwenden. Es ist aber auch gut möglich, dass jemand denkt, dass ich komplett falsch liege und dass all das, was ich hier aufführe, nicht stimmt. Beides ist legitim und liegt in der Ansicht des Betrachters.

Die Veröffentlichung meiner Meinung und meiner Beobachtungen ist keine Verurteilung dessen, was ich in diesem Buch darstelle, sondern eine Ansicht von dem, was ich persönlich gesehen und erfahren habe, ohne die Kultur oder die Gesellschaft in einem schlechten Licht erscheinen zu lassen.

Es liegt also in Ihrer Hand, wie Sie damit umgehen möchten.
Der eigene Weg ist und bleibt die eigene Entscheidung!

Fremd in der eigenen Kultur

Die ständige Reise zwischen zwei Kulturen und zwei Welten bewirkt, dass man sich selbst irgendwann „fremd" fühlt und nicht mehr genau weiß, zu welcher Kultur man wirklich gehört.

Die Aufklärung, die die Kinder in der Schule erfahren, dass jeder Mensch ein freier und unabhängiger Bürger ist, mit allen Rechten, die ihm zustehen, steht zu einer Welt im Widerspruch, in der Gegenteiliges gilt.

Eine Ungerechtigkeit, gar eine Unterordnung mancher hierarchischer Strukturen, bewirkt einen Zwiespalt, aus dem heraus manche betroffene Kinder ratlos umherirren. Mit der Zeit übernehmen sie die Rolle eines Spielballs, der hin und her wandert. Dieses Spiel geht so lange, bis ein Kind selbst entscheidet, welchen Weg es gehen möchte. Der Zwiespalt im Leben zwischen zwei Kulturen liegt in einer Fülle von positiven und negativen Eigenschaften, die in beiden Kulturen angeboten werden. Manch konservative Gesellschaftsstruktur sieht vor, dass ausschließlich die Werte und Normen der eigenen Kultur angenommen werden. Somit ist wenig Raum für eine Integration positiver Eigenschaften aus anderen Kulturen möglich.

Vielleicht wird mit einer Vermischung externer Kulturen eine Modernisierung assoziiert, die nach konservativen Ansichten zu einer Zersplitterung der eigenen Werte führen kann.

Ein Mensch, der in seiner Kindheit mit einer einzigen Kultur aufwächst, unterliegt nicht der Problematik, sich gedanklich mit einer anderen Kultur auseinandersetzen zu müssen. Es liegt in seiner freien Entscheidung, ob er eine fremde Kultur für sich akzeptieren möchte. Dahingehend könnte es sich erklären, warum manche kulturelle Gesellschaften in Deutschland sich immer noch schwertun, die deutsche Kultur in ihre Kultur zu integrieren. Ein Kind, welches zwischen zwei Kulturen aufwächst, ist gedanklich gezwungen, beide Kulturen zu akzeptieren.

Die Definition der eigenen Identität bleibt lediglich im Raum stehen und reist als offene Frage mit den Jahren mit. Die Antwort auf diese Frage ergibt sich erst, wenn es gelingt, das eigene Ich zu finden.

In meinen Begegnungen mit Menschen höre ich von manchen Jugendlichen, die in Deutschland aufgewachsen sind, dass sie sich mit Sri Lanka selbst nicht identifizieren können. Schnell bemerken sie, dass ihre erlernten Werte und ihre Lebenseinstellung mit dem Bild aus der eigenen Heimat nicht übereinstimmen. Das Leben in einem Entwicklungsland ist nicht mit dem Standard eines Industrielandes wie beispielsweise Deutschland zu vergleichen.

Der innere Wunsch, in die Heimat zurückzukehren, wird durch die Schaffung einer heimatlichen Umwelt zu Hause im Exil aufrechterhalten. Ein Haus aus Glas, welches auf Dauer keinen Halt auf einem fremden Boden hat und mit der Zeit in sich zerstörerische Züge annimmt. Dies ist am Beispiel mancher tamilischer Gesellschaftskreise im Exil darzustellen. Zwar sind die Exil-Tamilen im Ausland in ihrer wirtschaftlichen Entwicklung sowie in der Bildung fortschrittlich, doch in der Entwicklung der globalen Weltansicht verschließen sich manche in ihren eigenen Kreisen.

In der deutschen Verfassung und den Grundrechten der Bundesrepublik Deutschland heißt es:

„Jeder Mensch muss unabhängig von seiner Herkunft, Hautfarbe oder Religion gleichbehandelt werden und hat das Recht zur freien Meinungsäußerung, die er in Wort, Bild oder Schrift äußern kann …"

Mit „jedem Menschen" ist jeder Bürger des Landes gemeint.

Wie sieht es in der eigenen Kultur aus?
Wird das, was man in Bildungseinrichtungen wie Schulen oder Universitäten beigebracht bekommt, in den eigenen Kreisen umgesetzt?

Begründungen wie, das Land habe eine andere Gesellschaftsgeschichte als die eigene, sind lediglich Ausreden, um sich nicht mit der Wahrheit über den wahren Wert des Menschen auseinanderzusetzen. Gerade in der tamilischen Kultur oder im indischen Gesellschaftssystem gibt es eine Vielzahl von entwürdigenden und menschenverachtenden Strukturen, die von einigen sogar noch im Exil inoffiziell verfolgt werden. Menschen, die dieses System vertreten, sind der Meinung, dass eine etwaige Loslösung vom Gesellschaftssystem für sie persönlich Schwierigkeiten hervorrufen würde. Eine Kettenreaktion von Gerüchten seitens der Gesellschaft und des Verwandtenkreises können manche nicht ertragen.

Meines Erachtens ist eine solche Begründung lediglich eine Flucht vor dem Wandel der Zeit.

In meinem eigenen Verwandtenkreis gibt es einen Fall, wo mein Cousin den Bund der Ehe mit einer Ausländerin einging. Und meine Tante in Sri Lanka schloss die Ehe mit einem Moslem. In beiden Fällen wurde der Kontakt seitens der übrigen Verwandten abgebrochen. Grund hierfür war, dass die Betroffenen in der Liebe ihre eigene Wahl getroffen hatten, was mit dem konservativen Denkmuster der Verwandtschaft nicht vereinbar war. Mit

Kontaktabbruch und Distanz verdeutlichte man ihnen, dass sie sich gegen das System verhielten und die Konsequenzen ihres Handelns zu tragen hätten.

Damals konnte ich nicht nachvollziehen, warum die beiden ihr Eheversprechen einem Partner aus einer anderen Nation gaben. Ich selbst war gedanklich noch Gefangener der geschlossenen konservativen Gesellschaftsstruktur. Erst Jahre danach, in der Position einer Betrachtung auf die Dinge, gelang es mir, die Sache mit einer weitaus verständlicheren Lupe zu betrachten. Hier waren zwei Menschen aus meiner Verwandtschaft, die für sich und ihr Leben eine Entscheidung getroffen hatten, mit der sie selbst im Einklang waren. Sie hatten ihr Liebesglück in die Hand genommen, weil sie es nicht anderen überlassen wollten. Vor allem belogen sie sich mit ihrem Entschluss nicht selbst.

Eine ehrliche Ehe zu führen ist weitaus wichtiger und gesünder als eine Scheinehe mit ihren unvermeidbaren Lügen. Die Folgen einer Scheinehe sind meist erst im späten Verlauf des Zusammenlebens zu erkennen.

An dieser Stelle haben Sie die Möglichkeit, innezuhalten und persönlich für sich zu reflektieren, inwiefern das Fühlen des „Fremdseins" in Ihrer eigenen Kultur auf Sie zutrifft und was Sie dagegen unternehmen könnten.

Die eigene Perspektive

Der eigene Mut kann ausreichen, die eigene Perspektive auf die Scheinwelt der Gesellschaft, in der man sich aufhält, zu hinterfragen und festzustellen, inwieweit diese mit der realen Welt aus dem Exil übereinstimmt. Der Vorteil einer solchen Betrachtung kann der erste Schritt sein, um zu einer Erweiterung des gedanklichen Spektrums zu gelangen. Eine Veränderung der Einstellung zu bestimmten Dingen, die in der Vergangenheit von anderen diktiert wurden und die man bislang ohne Weiteres verfolgt hat. Warum sollte man das Denken anderen überlassen, wenn man es selbst kann?

In einer einsichtigen Gesellschaft tut man nichts anderes, als Führung und Entscheidungsbefugnis anderen zu überlassen, und die Menschen nehmen lediglich die Rolle einer dem Hirten folgenden Schafherde ein. Etliche Hunderte, gar Tausende befinden sich in einem Sog und bemerken nicht, dass sie denkfaul und stumm werden.

Den Mut, eigene Gedanken in Worte zu fassen, versagen sich die meisten selbst. Grund hierfür ist die Fixierung der eigenen Perspektive auf das vorgegebene Denkmuster, sodass man nicht auf die Idee kommt, etwas aus einer anderen Perspektive zu sehen.

In der Vergangenheit wurde ich oft gefragt, ob ich den hinduistischen Glauben in all seinen Regeln und Vorschriften befolge. Die Antwort lautet bis heute noch: nein!

Seit meinem vierzehnten Lebensjahr meditiere ich jeden Morgen und esse wie die meisten Hindus freitags kein Fleisch, aber ich befolge nicht jede einzelne Vorschrift.

Aus diesem Grund bezeichne ich mich nicht als „gläubig", denn als gläubiger Hindu müsste ich komplett auf den Konsum von Fleisch und Alkohol verzichten, was nicht der Fall ist. Die Meditation am Morgen gibt mir die innere Ruhe für den folgenden Tag und zugleich die Möglichkeit, meine Seele für einen Augenblick in einen Trance-Zustand zu versetzen. Das Praktizieren zeremonieller Gebräuche verfolge ich aus reinem Interesse und nicht in der Hoffnung, einen eigenen Nutzen daraus zu ziehen.

Auf diese Erkenntnis jedoch kam ich erst in den letzten zwei Jahren meiner Reise durch den Hinduismus. In meiner Kindheit erklärten mir meine Eltern, dass Gott mich belohnen würde, wenn ich mich an bestimmte Regeln hielt. So glaubte ich lange Zeit, durch das Befolgen bestimmter Rituale auf das ersehnte Glück in der Zukunft zu stoßen. Die Nicht-Erfüllung meiner Sehnsucht enttäuschte mich und ich machte mich auf die Suche nach einem Fehler, der mir möglicherweise in der Befolgung des Rituals unterlaufen war.

Die Wahrheit allerdings ist, dass der Glaube im Herzen eines Menschen entsteht und nicht im Praktizieren bestimmter Zeremonien. Der Einklang mit sich selbst und dem Leben bildet die Basis für das Empfangen des Glückes. Wäre ich immer noch der festen Überzeugung, in der Befolgung bestimmter Rituale des Hinduismus Glück zu schöpfen, so würde ich wie manche Hindus in einer Selbstlüge und einem Scheinglauben leben. Der Hinduismus ist eine Lebenshilfe, welche sich auch in anderen Weltreligionen wiederfinden lässt.

Durch sehenswerte Gebäude-Strukturen wie die großen Tempel in Sri Lanka und Deutschland erlebe ich erstmals ein gewaltiges Farbenspektrum, während sich meine Ohren über den Gesang freuten und die Seele über beruhigende Klänge.

In manchen Situationen geben Menschen Gott die Schuld für bestimmte prägende Ereignisse in ihrem Leben. Inwiefern kann Gott für eingetretene Schicksalsschläge zur Rechenschaft gezogen werden? Wenn er auf der einen Seite den Menschen „Glück und Freude" bringt, warum soll dieser Gott das von ihm Geschenkte durch etwas anderes wieder zerstören?

Man sollte das Leben und die damit verbundenen positiven und negativen Erlebnisse als solche akzeptieren. Die Suche nach Verantwortlichen bewirkt eine zusätzliche Enttäuschung und eine ständig wachsende Wut.

In einer geschlossenen Struktur wie der des Glashauses ist es nicht einfach, die Dinge aus einer objektiven Perspektive zu sehen. Hierzu empfehle ich betroffenen Jugendlichen, sich ihres Verstandes zu bedienen und die Sichtweise auf bestimmte Dinge zu hinterfragen. Jeder hat für sich selbst die Möglichkeit, die Kontrolle über seine Sichtweise zu erlangen und zu bewahren.

Es gelingt mir heute, meine frühere Sicht auf bestimmte Dinge während des Aufenthaltes im Glashaus meiner Familie zu erkennen und mit meiner aktuellen Sicht zu vergleichen. Die traurige Wahrheit meiner Reise in die eigene Vergangenheit ist die, dass ich mich in meinen Gedanken bezüglich bestimmter Dinge selbst blockierte und es nicht mal bemerkte, zumal ich ja Teil des Systems war. Durch meinen Auszug und die damit verbundenen Änderungen im Leben gelang es mir mit der Zeit, mich von den Zwängen der Gesellschaft zu lösen und meine eigene Sicht zu entwickeln. Der Vorteil dieses Weges für mich war der, dass ich meine Persönlichkeit neu kennenlernen und entwickeln konnte – der Austausch eines alten Betriebssystems durch ein neues.

Die Perspektive der Eltern

Im Glashaus selbst sehnen sich manche konservativ eingestellte Eltern nach dem Paradies der Insel Sri Lanka, welches sie bei der Ausreise zurückgelassen haben. Um die Trennung von der eigenen Heimat ein Stück weit erträglicher zu machen, gestalten manche das eigene Zuhause so weit, dass die Kultur dort zum größten Teil in all ihrer Form wiederbelebt wird.

In diesen Haushalten empfängt man bewusst Länderprogramme, um sich in der Medienwelt in der eigenen Sprache wiederzufinden und das heimatliche Sprachgefühl zu bewahren. Der soziale Rückzug aus der westlichen in die kulturelle Welt beruhigt zum Teil das Gefühl des Fremdseins im Exil, wo man weder die Sprache noch die Gesellschaft versteht und sich lediglich darin aufhält. Dieses Heimatgefühl lenkt manche Menschen von ihrer kompletten „Leere" ab, die sie in der westlichen Welt spüren.

Man will sich nicht mehr von einer bekannten Struktur trennen und verfolgt weitgehend die Gestaltung der eigenen Heimat im neuen Zuhause. So leben manche in dem Glauben, dass sie in Wirklichkeit die eigene Heimat nicht verlassen haben und sich nur für einen vorübergehenden Moment an einem anderen Ort, dem Exil, aufhalten.

Der Aufbau einer kulturellen Scheinwelt ist somit erfüllt. Begleitet wird dies durch etwaige Feierlichkeiten, wo ebenfalls heimatliche Strukturen in der gleichen Art und Weise wiederzufinden sind. Eine Vermischung mit westlichen Werten würde den Zusammenbruch des Systems bedeuten und den darin enthaltenen Schein löschen. Dahingehend wird um jeden Preis versucht, die Grundstrukturen in ihrer Rolle verankert zu lassen, um den lückenlosen Fortbestand des Heimatgefühls weiterhin zu gewährleisten.

Neben all dem vergessen und ignorieren manche Menschen die Integration im Exil.

Mit dieser Einstellung lebten teils auch meine Eltern. Versunken in ihren jeweiligen konservativen und auch liberalen Denkstrukturen, befanden sie sich in ihrer gedanklichen „Heimat" und versuchten diese auch zu Hause auszuleben. Da wir vier Kinder sie ständig mit der westlichen Welt und den darin enthaltenen Strukturen konfrontierten, waren sie unfreiwillig dazu gezwungen, unsere Ansichten anzunehmen und ein Stück weit zuzulassen.

Für sich persönlich haben sie ihre „Welt" aber nie verlassen. Es ist immer noch traurig für mich zu erkennen, dass mein Vater sich von seinem alten heimatlichen Denkmuster nicht trennt. Neben seinem hohen Alter vermute ich, dass die Erziehung, die er in seinem Elternhaus in Sri Lanka genossen hat, für seine heutige Ansicht eine wesentliche Rolle spielt. Man kann die Erziehung in der Kindheit eines Menschen als eine Gravur in einem Stein betrachten, die ohne jegliche Mühe nicht einfach veränderbar ist. Ist der eigene Wille gegen eine Veränderung der Prägung, so wird das, was einem mitgegeben wurde, unverändert verfolgt.

Dabei spielt selbst eine Entfernung vom Elternhaus keine entscheidende Rolle. Des Weiteren vermute ich den Grund für bestimmte konservative Denkmuster der Eltern im damaligen Bildungssystem Sri Lankas. Eine sture Vorgabe von Werten und Normen, die den Schülern einzig und allein als „vollkommen" und „richtig" vermittelt wird. Das konnte ich in Berichten und Erzählungen meines Onkels erfahren, der im Norden Sri Lankas, dem Ortsteil Jaffna, als Mathe- und Religionslehrer unterrichtet. Er wundert sich auch heute noch über die liberale und freie Form der Lehre an westlichen Schulen und findet, dass diese zu offen sei.

Ich sehe, dass es schwierig für ihn ist, die offene und angstfreie Beziehung zwischen einem Lehrer und seinen Schülern zu akzeptieren. Im tamilischen Schulsystem in Sri Lanka gibt es eine deutliche Hierarchie, in der die Schüler den Lehrern untergeordnet sind. In jungen Jahren wird den Schülern Furcht gegenüber den Älteren vermittelt, sodass dies ihr Leben prägt. Vielleicht lässt sich dadurch die hierarchische Struktur in manchen Familien erklären, die selbst im Exil weiterhin besteht.

In Sri Lanka erhält ein Mensch den vollen Respekt seitens der Gesellschaft, wenn er in beruflicher Hinsicht etwas

Ansehnliches zustande bringt oder seinen Status mit materiellen Dingen vorweisen kann.

Diese Rolle übernehmen manche Migranten unter anderem auch in Deutschland. Der Fokus auf das Erzielen eines überdurchschnittlichen wirtschaftlichen Besitzes und des darin enthaltenen Statussymbols innerhalb der Gesellschaft ist für sie neben den wichtigen Aspekten für ein glückliches Leben vorrangig.

Selbst mein Vater ist der Meinung, dass einzig und allein Geld einen Menschen glücklich macht. Immer wieder widerspreche ich ihm und behaupte, dass es andere Dinge gibt im Leben, die neben dem Reichtum einen Menschen glücklich machen – wie zum Beispiel die Freude am eigenen Leben oder die Ausübung eines Hobbys. Doch ich denke, dass sich seine Ansicht nicht ändert. Obwohl sein eigener Vater Schuldirektor war und die Familie selbst zu der mittelständischen Schicht gehörte, ist der Wunsch nach mehr Reichtum in der Familie weiter vorrangig. An dieser Stelle sehe ich, dass die Basis für das Empfangen von „Freude und Glück" in der Kindheit falsch vermittelt wurde. Der Zustand mit ausreichendem finanziellen Besitz ist für solche Denkmuster nicht zufriedenstellend. Zusätzlich dazu kommt der ständige Wettbewerb, sich gegenüber den anderen behaupten zu müssen. Ein geschlossener Kampf in einem geschlossenen Kreis, wovon die deutsche Gesellschaft nicht berührt wird.

Bei Festlichkeiten bekommt man als außenstehender Beobachter die farbenprächtigen Gewänder – Sarees – zu sehen und kulturelle Rituale, die schön gestaltet sind. Auf den ersten Blick scheint die Vermittlung des Gefühls von Harmonie und Freude sehr erfolgversprechend zu sein, denn die Menschen, die sich in einem solchen Kreis befinden, machen einen überzeugten und fröhlichen Eindruck. Unter dem Deckmantel der Farben handelt es sich in manchen Fällen um einen Schein, der nach außen hin präsentiert wird. Unausgesprochen kommt bei diesen Veranstaltungen auch die Präsentation des eigenen Status zustande. Wer trägt wie viel Schmuck und wessen Gewand ist schöner und teurer als die der anderen?

Dass man sich als Einheimischer bei diesen Festen beobachtet fühlt, ist keine Seltenheit. In einigen Gesprächen mit Jugendlichen erhielt ich die Bestätigung meiner Vermutung und Selbsterfahrung.

Diese Erfahrung im ständigen Hin und Her zwischen zwei Welten machen etliche Jugendliche aus unterschiedlichen Kulturen. Die Gesellschaft schafft sich ihren eigenen Raum, der sich von der westlichen Gesellschaft abkapselt. Die Perspektive der Eltern ist in einigen Fällen nur schwer ins Gegenteil zu kehren, da sonst die Existenz des Glashauses bedroht werden könnte, was man aber nicht in Kauf nimmt.

Konsum der eigenen Kultur

Der ausschließliche Konsum der eigenen kulturellen Werte und Normen hat zur Folge, dass das eigene Spektrum in einer einzigen Kultur eingeschlossen wird und man sich somit die Türen für fremde Kulturen verschließt.

Manche Menschen sind von ihrer Kultur so überzeugt, dass sie unbewusst andere Lebensgewohnheiten aus anderen Kulturen niedrig einstufen und sich dadurch in ihrer Überzeugung höher einschätzen.

Durch den Besuch der christlichen Kirche in meiner Kindheit lernte ich die religiösen Rituale des Christentums kennen, sodass ich selbst heute noch zu Weihnachten die Heilige Messe besuche, ohne dabei einen Teil der deutschen Kultur als „fremd" zu empfinden. Der Besuch christlicher Zeremonien erfolgt bei mir prinzipiell aus Eigeninteresse. Die Begegnung mit einem fremden Glauben ermöglicht es mir, ein weltoffenes und tolerantes Bild gegenüber fremden Religionen zu entwickeln und weiterhin zu pflegen.

Solche Voraussetzungen lassen sich in manchen konservativen Gesellschaftsstrukturen nur selten wiederfinden. Die feste Überzeugung der eigenen Kultur hindert die erste Generation – die Kinder – daran, den ersten Schritt in eine fremde Kultur zu machen. Hintergrund einer solchen Denkweise könnte sein, das eigene Heimatgefühl weiterhin zu bewahren.

Aus dieser Sichtweise betrachtet, erhalten manche – um es bildhaft zu beschreiben – ein Betriebssystem installiert, welches sie von allein nicht deinstallieren können.

Mut zur Suche nach sich selbst wäre mein Ratschlag an diejenigen, die sich in einer solchen Situation befinden und sich in diesem Abschnitt des Buches widergespiegelt sehen.

Es ist für betroffene Jugendliche schwer, sich selbst und das komplette System, in dem sie aufwachsen, in Frage zu stellen. Die Tatsache, dass man vor Kurzem noch der festen Überzeugung war, dass alles seine Richtigkeit hat. Zeit und Geduld zum Nachdenken sollten gegeben sein, um die Reise nach der eigenen Erkenntnis zu beginnen.

Sie sollten verstehen, dass nur Sie selbst den Weg gehen können, und nicht ein anderer Mensch.

Familie und Freunde sind Menschen aus unserem engsten Kreis, sie begleiten uns bis zu einem bestimmten Lebensabschnitt. Eine Abhängigkeit von diesen Menschen kann dazu führen, dass die eigene Zukunft in den Händen anderer liegt – mit all den Entscheidungsbefugnissen und Rechten.

Haben Sie Mut, sich einzugestehen, dass Sie Ihr eigenes Leben leben wollen. Vielleicht gelingt es Ihnen so, eine bereits verschlossene Tür eigenständig wieder zu öffnen und neue Wege zu gehen.

Das Verleugnen der eigenen Identität

Es gibt in der Gesellschaft auch die andere Art des Extrems, nämlich den Anteil, der jegliche Verbindung zu seiner Herkunft leugnet und alles daran setzt, sich mit dem westlichen System zu identifizieren. Bestimmte Gebräuche, die in Verbindung mit der Herkunft stehen, werden strikt abgelehnt. Gründe für eine derart radikale Abwehr der eigenen Kultur könnten bestimmte negative Erfahrungen sein, die Betroffene seitens der Gesellschaft in der Vergangenheit gemacht haben. Unverarbeitete Verletzungen aus bestimmten Bereichen bewirken, dass sich im Laufe der Zeit eine gewisse Abneigung gegenüber dem Widerfahrenen entwickelt.

Die Intention darin ist der eigene Schutzmechanismus, den manche aufbauen, um in der Zukunft nicht ein weiteres Mal verletzt zu werden.

Einige Betroffene wählen als Resultat ihrer Verletzung und Wut einen Weg, der in die extrem andere Richtung des Widerstands geht. Doch je mehr man die eigene Herkunft leugnet, umso auffälliger bleibt die offene Wunde bestehen.

Wie wäre es, wenn man sich mit dem Wendepunkt in seinem Leben auseinandersetzt? Wenn man zu dem Punkt zurückkehrt, der einen dazu geführt hat, den extremen Pfad der Verleugnung einzuschlagen. Gelingt es einem nicht selbst, so ist es möglich, professionelle Unterstützung zu suchen, die bei der Erforschung der Gründe behilflich sein kann. Der Vorteil liegt darin, dass die eigene Persönlichkeit komplett neu reflektiert wird. Man erkennt, ob das, was man zuvor als „richtig" empfunden hat, tatsächlich der inneren Wahrheit entspricht.

Meiner Meinung nach kann man sich weder für die eine noch für die andere Kultur komplett entscheiden. Die Tatsache, dass in einem selbst zwei Kulturen vereint sind, lässt sich nicht leugnen. Wenn man mich fragen würde, zu welcher Nation ich mich hingezogen fühle, so würde ich antworten:

„Ich bin ein Deutscher mit tamilischen Wurzeln und ich bin ein Tamile mit deutschen Wurzeln."

Da ich persönlich zwischen zwei Kulturen aufgewachsen bin und von jeder der beiden Welten die positiven Eigenschaften für mein Leben übernommen habe, trifft die obige Aussage über meine Identität zu. Bei meinem zweiten Aufenthalt in Sri Lanka im Jahre 2008 konnte ich den Unterschied zwischen mir und den Einheimischen dort sehr deutlich spüren. Die Art und Weise des Sprechens und Verhaltens lässt sich nicht mit meiner aus Deutschland bekannten Artikulationsweise vergleichen. Ich merkte, dass ich selbst im Herkunftsland meiner Eltern ein Tourist war.

Diese Erfahrungen konnten manche Jugendliche, die in Deutschland geboren und aufgewachsen waren, ebenfalls machen.

Betroffene Menschen, die über Jahre hinweg bewusst die Distanz zur eigenen Kultur suchen, leben mit dem Scheinglauben, dass sie sowohl im Äußeren als auch im Inneren eine andere Kultur repräsentieren, als sie es in Wirklichkeit darstellen. Dieser Schein erlischt spätestens dann, wenn sie mit einer Situation konfrontiert werden, wo sich beispielsweise das eigene äußere Bild erheblich vom äußeren Bild der anderen unterscheidet. In einem solchen Moment wird einem bewusst, dass es einen Unterschied gibt. Ein mögliches Beispiel wären Schwarzafrikaner in den Vereinigten Staaten von Amerika, die bewusst ihr Äußeres verändern, um der weißen Rasse ähnlicher zu sehen. Es ist die zwanghafte Veränderung der eigenen äußeren Identität als farbiger Amerikaner, um im Inneren Ruhe zu finden und mit einer Lüge zu leben. Dieser Trend setzt sich auch in anderen Teilen der Welt fort, so auch bei im Exil lebenden Tamilen.

Man sollte nicht vor dem zurückschrecken, was man bei der Geburt mitbekommt. Das Beispiel aus Amerika ist ein Beleg für Menschen, die vor sich selbst weglaufen und nicht akzeptieren, wie sie sind.

Betroffenen kann ich an dieser Stelle raten: Haben Sie keine Scheu vor sich selbst und bekennen Sie sich zu Ihrer ethnischen Herkunft, aus der Ihre Eltern abstammen. Zu sich selbst zu stehen ist etwas anderes, als sich mit bestimmten Strukturen aus der Gesellschaft zu identifizieren. Diesen Unterschied sollte man sich vor Augen halten.

Manche Betroffene glauben, dass man automatisch das System unterstützt, sobald man die eigene Herkunft akzeptiert. Es handelt sich hierbei um zwei verschiedene Paar Schuh. Das eine beruht auf der eigenen Persönlichkeit, wohingegen das andere eine Lebenseinstellung ist.

Mein persönlicher Tagesspruch:

„Seh ich die Morgensonne, so sehnt sich meine Sonne nach Heimat.“

Mit diesem Satz verbinde ich meine gelegentliche Sehnsucht nach Sonne, Meer, Strand und meiner zweiten

144

Heimat, Sri Lanka. Einfach an einem Ort abzuschalten, der abgeschottet ist von all dem Stress, den man sonst im Alltag hat.

Diskriminierung durch eigene Reihen

In diesem Abschnitt will ich die unterschiedlichen Formen der versteckten Diskriminierung innerhalb der tamilischen Gesellschaft aufzeigen. Bei dem bereits thematisierten Kastenwesen lässt sich das sehr gut erklären. Obwohl im Exil andere Voraussetzungen herrschen – hier gibt es die Aufgabe des Pflückens von Kokosnüssen nicht –, nehmen sich manche Menschen aus der Gesellschaft das Recht, die Leute abzustempeln, die aufgrund der jeweils ausgeübten Tätigkeit in Sri Lanka, die sie bei ihrer Ausreise beenden mussten, im Exil weiterhin als „niedriges Volk" zu betrachten. Die Tatsache, dass jemand eine bestimmte Tätigkeit in Sri Lanka ausgeübt hat, ist eine ausreichende Plattform für manche, endlose Gerüchte und Herabstufungen in die Welt zu setzen. Es entsteht eine Zersplitterung innerhalb der Gesellschaft, die manche durch das Vertretensein des Kastensystems begründen.

Das Ausschließen bestimmter Feierlichkeiten führt dazu, dass die abgegrenzte Masse sich zurückzieht und ihre eigenen Reihen bildet. Ein unbewusster Zorn und auch Hass können durch solche Formen des respektlosen Verhaltens entstehen. Der Wert eines Menschen wird durch etwaige Verhaltensweisen nicht mehr als Ganzes wahrgenommen. Betroffene Menschen, die man als „niedrig" ansieht, werden in eine Schublade gesteckt, in der der Rest der Gesellschaft sie mit denselben Augen betrachtet.

In einer geschlossenen Gesellschaft ist eine solche Schikane möglich und lebhaft. Würden manche Strukturen durch menschliche und moderne Werte ersetzt werden, wie zum Beispiel, dass jeder Mensch das Recht hat, gleichberechtigt behandelt zu werden, könnte eine solche Kastengesellschaft beendet werden. Offiziell spricht man nicht mehr über das Kastenwesen, doch in manchen Köpfen lebt diese menschenverachtende Form weiter.

Die Modernen und Aufgeklärten innerhalb der Gesellschaft, die die liberale und freie Lebenseinstellung für sich ausleben, werden unter anderem als Außenstehende angesehen. Durch abschätzige Blicke in der Öffentlichkeit signalisiert man ihnen, dass die Art und Weise ihrer Lebenseinstellung in den geschlossenen Kreisen nicht willkommen ist.

Selbst Jugendliche, die in einer modernen Kultur wie die der deutschen Gesellschaft aufwachsen, werden zum Teil Opfer von Volkslästereien seitens der Gesellschaft. Diejenigen, über die man Gerüchte verbreitet, versuchen um jeden Preis, die Existenz des Systems im Glashaus zu schützen. In einigen Fällen gelingt es diesen Menschen sogar, dass die Betroffenen, über die gelästert wird, resignieren und in das alte Schema zurückfallen. Die Kraft für einen ständigen Kampf gegen die Gesellschaft wäre erforderlich.

Sie werden zu Opfern einer Gefangenschaft ihrer eigenen Gesellschaft. Ein möglicher Hintergedanke könnte sein, die breite Masse unter Kontrolle zu behalten. Eine moralische Fernbedienung, die beliebig eingesetzt wird, um jemanden dort zu haben, wo man ihn gerade haben möchte.

Es war Zufall, dass meine Eltern mich vor derartigen Kontrollen aus der Gesellschaft in Schutz genommen haben. In meiner Kindheit – als ich im Alter zwischen zehn und zwölf Jahren war –, stellte ich unzählige Dummheiten an, gefolgt von zahlreichen Beschwerden seitens der Gesellschaft. Trotz einer Reihe von Gerüchten standen meine Eltern in diesem Punkt hinter mir. Zu meinem Erstaunen!

Es gibt Familien, in denen die Kinder unabhängig von der Wahrheit schuldig gesprochen werden und die entsprechenden Konsequenzen tragen müssen. Dies erfolgt zum Teil sogar durch Schlagen oder Beschimpfen durch einen Elternteil. Aus Angst vor weiteren Konsequenzen ordnet sich das Kind ganz der Gesellschaft unter. Es opfert seine Freiheit, um dem Willen der Eltern nachzukommen. Ganz gleich, ob der Berichtende Freund oder Feind ist, gilt die Regel, so unauffällig wie möglich zu sein und sich an das Massensystem zu halten.

Jegliche Möglichkeit eines Widerstands wird niedergeschlagen.

Die Kinder und Jugendlichen, die sich gegen das unterdrückende System wehren und die nötige Kraft haben, ihren Weg zu gehen, werden schnell aus dem System ausgeschlossen und gelten innerhalb der Gesellschaft als Außenseiter.

Reisen mit der Familie

Am Anfang scheint ein Ausflug mit der Familie zu der Verwandtschaft im Ausland eine interessante Reise zu sein. Je nachdem, wo sich die Verwandtschaft aufhält, werden weite Reisen sowohl innerhalb als auch außerhalb des Landes unternommen. Dass es sich selbst bei dem Ausflug um eine Reise in eine geschlossene Gesellschaft handelt, bemerken viele Kinder nicht.

Persönlich ist mir dies lange Zeit selbst nicht aufgefallen. Im Nachhinein, in der Perspektive „von oben", gelang es mir, den geschlossenen Raum zu sehen, in dem ich mich einst bewegt habe.

Bei meiner Reise nach Kanada im Jahre 2007 befand ich mich in einer solchen geschlossenen Gesellschaft. Zum Großteil waren wir dort hauptsächlich in den Kreisen der Verwandten unterwegs. Ziel der Erwachsenen hinter diesen Ausflügen ist ein Wiedersehen nach langen Jahren. Die Unterkunft erfolgt oft bei den jeweiligen Verwandten, die man im Ausland besucht. Die andere Seite einer solchen Familienreise innerhalb eines geschlossenen Gesellschaftskreises ist, dem Heimatgefühl ein Stück weit näher zu kommen.

Was ist mit den Kindern dieser reisenden Eltern? Können sie ebenfalls das Heimatgefühl ihrer Eltern spüren? Oder ist es die Freude, dass man mit der gesamten Familie etwas unternimmt?

Manche sind selbst mit den eigenen Gefühlen so sehr beschäftigt, dass sie den Gemützustand, den sie in dem Moment erreichen, um jeden Preis aufrechterhalten wollen. Folglich tragen die Kinder solcher Familienausflüge ihre Enttäuschung mit sich. Die Konzentration auf die Umwelt und nicht auf die Familie kommt zulasten derjenigen, die sich nach einem Zusammensein mit der eigenen Familie sehnen. Würde ein betroffenes Kind seine verletzten Gefühle den Eltern gegenüber äußern, könnte es in manchen Fällen die verteidigende Gegenreaktion erfahren, in der es heißt, dass der Ausflug gleichzeitig eine Reise für die Familie ist, wo man in Anwesenheit der anderen Verwandten vieles erlebt. Auf die sensiblen Gefühle des Kindes wird in dem Augenblick wenig Rücksicht genommen.

In einigen Familienstrukturen herrscht die Meinung, dass durch die Gewährleistung materieller und wirtschaftlicher Verhältnisse die Voraussetzungen für eine einwandfreie Erziehung gegeben sind. Die folgenden Aussagen sind daher keine Seltenheit:

„Du hast doch alles."
„Es fehlt dir doch nichts."
„Wir haben dir alles gegeben."

Die Zeit für das eigene Kind, in der man sich mit dessen Gefühlen und Gedanken auseinandersetzen könnte, wird nicht investiert. Hinter einem solchen Verhalten steht möglicherweise die nicht mehr existierende Gefühlswelt der Eltern, die aus ihrer Zeit in Sri Lanka herrührt. In der sogenannten geschlossenen Gesellschaft und dem damit verbundenen geschlossenen Raum herrschen oft Emotionslosigkeit vor. Manche betroffenen Kinder wachsen in einem Käfig auf, der ihre eigene Freiheit in vollem Umfang eingrenzt. Eine geschlossene Gesellschaft mit einem geschlossenen Kreislauf, der sich ständig wiederholt.

Reisen im eigenen Freundeskreis

In manchen konservativen Familienkonstellationen ist es keine Selbstverständlichkeit, offiziell nach der Erlaubnis zu fragen, ob man mit dem Freundeskreis zum Beispiel aus der Schule unabhängig von den Eltern verreisen könnte. Das Risiko, dass dem Kind auf der Reise etwas zustößt, wäre viel zu groß, als dass diese Reise seitens der Eltern genehmigt würde. Hinzu kommt der mögliche Kontrollverlust, woraus sich das Kind irgendwann von den Eltern abkapseln könnte.

Gerade in hierarchischen Verhältnissen trauen sich die Kinder nicht, auf den Gedanken zu kommen, solche Aktivitäten auch nur zu planen. Die Angst vor dem damit verbundenen Ärger ist viel zu groß, also fragen sie gar nicht erst. Folglich ist durch diesen Verzicht auf die Erfüllung eigener Wünsche gleichzeitig der Verlust eines Teils der Jugend gegeben, dessen Sehnsucht sich in einem Nachholbedarf in späteren Zeiten zeigt.

Es gibt auch Kinder, die die Genehmigung der Eltern zu einer Reise nur unter einem bildungstechnischen Deckmantel erhalten. Fortbildungen in Verbindung mit einer schulischen Qualifizierung des Kindes werden unter bestimmten Voraussetzungen genehmigt, wenn sie ausschließlich dem Zwecke der Bildung dienen und nicht irgendwelchen Freizeitaktivitäten. Einige Eltern vertreten die Meinung, dass ihre Kinder durch die Gestaltung ihrer Freizeit mit dem Freundeskreis in eine zu westlich orientierte Gesellschaft geraten, in der sie den Bezug zu der eigenen Kultur verlieren. Die Angst um den Verlust der Heimatwerte, die zu Hause vorzufinden sind, ist so groß, dass alles darangesetzt wird, diese zu schützen. Wieder geht ein solcher Schutz der eigenen Welt zulasten der Kinder.

Wie lange kann ein solches Kind die psychische Belastung aushalten, wenn es keine Möglichkeit der Entfaltung seiner eigenen Persönlichkeit hat?

Mit der Zeit verliert sich der Wunsch nach eigenen Bedürfnissen und man ordnet sich voll und ganz dem Willen der Eltern unter. Manchen gelingt die Befreiung aus einer solchen Gefangenschaft in jungen Jahren, anderen wiederum erst Jahre nach ihrer Entlassung aus dem Glashaus. Mein Appell richtet sich nicht an eine endlose Rebellion gegen die Erziehung der Eltern, sondern an die Wahrnehmung des eigenen Ich und der damit verbundenen Wünsche.

Für mich persönlich war es schwierig, gegen das Gedankensystem meiner Eltern zu kämpfen. Durch die Kindheitsrebellion, die ich in mir trug, konnte ich mich dennoch durchsetzen. Meine Kindheit sowie die Pubertät nahmen trotz erheblicher Proteste meiner Eltern eine gesunde Entwicklung.

Die zerbrochene Ehe

Eine Ehe mit einer zerstörten Gefühlswelt kann auf Dauer nicht standhalten. In der Konstellation, dass überwiegend der Mann arbeiten geht und die Frau für den Haushalt und die Erziehung der Kinder zuständig ist, leidet die Beziehung zwischen den Ehepartnern massiv unter den Alltagsbelastungen. Der Raum für eine Aussprache hinsichtlich der Dinge, die einen stören, ist formell gegeben, wird aber von den Betroffenen oft nicht genutzt.

Spätestens äußert sich die Frustration in Krisensituationen, wo beispielsweise ein Streit entsteht, der bis hin zu Handgreiflichkeiten des Mannes gegenüber der eigenen Frau und den Kindern führt.

Das Beispiel meiner eigenen Familiengeschichte belegt die Tatsache, dass es einen kleinen Teil von Migrationsfrauen gibt, die nach jahrelanger Gewalt-Erfahrung die Konsequenz für ihr Leben ziehen und die Ehe unabhängig von der Meinung der Gesellschaft beenden.

In manchen Familien wird die Ehe trotz erheblicher Gewaltausschreitungen zwangsweise fortgeführt. In einer Diskussion mit einem älteren Ehepaar erfuhr ich, dass es für den Mann unmöglich sei, auf Handgreiflichkeiten zu verzichten. Die Gewalt wird als Mittel der Argumentationslosigkeit seitens der Männer gegenüber ihren Frauen angewendet, um zum Beispiel den eigenen Hierarchie-Status in der Familie nicht zu verlieren. Es ist ein Zeichen von Schwäche und fehlendem Einfühlungsvermögen, dass die Männer in Streitigkeiten nicht mit Worten umzugehen wissen.

154

In Sri Lanka ist das Schlagen von Frauen keine Gräueltat, aufgrund der die Gesellschaft den Täter verurteilen würde. Im Gegenteil, mit den Jahren wurde das Schlagen als ein Teil des Systems anerkannt und ist in manchen konservativen Köpfen fest etabliert, sodass bei einer Eskalation von Gewalt in Streitigkeiten gegenüber der eigenen Frau keine Grenzen gesetzt sind.

In vielen Gesprächen mit Jugendlichen erfuhr ich von maßlosen Gewaltausschreitungen zwischen ihren Elternteilen, wobei sie teils selbst Opfer gewesen waren.

Je mehr sich beim Mann Frustration und Unzufriedenheit in der Ehe anstauen, umso mehr lässt er diese im Ausbruch eines Streits in Form von Gewalt und respektlosen Verhaltensweisen gegenüber seiner Frau heraus. Manche Frauen äußern ihre angestauten Gefühle durch enorme emotionale Reaktionen, die sich in der Lautstärke ihrer Artikulation zeigen. Zwei Dämme, die zum selben Zeitpunkt brechen, sorgen für eine unaufhaltsame und gewaltige Welle.

Dieses Ritual der vorübergehenden Beruhigung von verletzten und unterdrückten Gefühlen ist ein gängiges Verhalten in Häusern, in denen hierarchische Verhältnisse herrschen. Der Griff zu Alkohol oder anderen Konsummitteln verführt besonders in der Männerwelt dazu, vor den eigenen Gefühlen davonzulaufen. Die Droge ermöglicht ihnen, den Frust für einen gewissen Zeitraum niederzukämpfen. Manche Frauen hingegen wenden sich der tamilischen Medienwelt zu, worin sie ihre Flucht vor den verletzten Gefühlen sehen. Der Gedankenaustausch mit anderen betroffenen Frauen ist eine weitere Möglichkeit, die Gewaltausschreitungen des Ehemannes zu verarbeiten.

Nach außen hin wird die perfekte Familie präsentiert, wobei es sich in den beschriebenen Fällen um einen Schein handelt. Es ist somit eine ständige Lüge, mit der die Betroffenen ihr Leben in der Gesellschaft gestalten. Eine Veränderung würde eine komplette Auflösung des Scheins hervorrufen und eine Zielscheibe für Lästereien bieten.

Meine Mutter entschied sich bei ihrer Trennung von meinem Vater für das Risiko, eine mögliche Zielscheibe von Gerüchten zu werden, und nahm die damit verbundenen Konsequenzen in Kauf. Damals war die Trennung meiner Eltern für viele ein Kulturschock und zugleich Nährboden für falsche Gerüchte. In dieser schweren Phase bewies meine Mutter Mut, um gegenüber dem System standzuhalten. Sie lehrte uns Kinder, dass das eigene Leben nicht von der Meinung anderer bestimmt sein darf. Mit dieser Lebenseinstellung wurden wir ermutigt, trotz der Trennung unserer Eltern normal zu leben, ohne uns zurückzuziehen oder gar zu schämen. Heute sehe ich die Trennung meiner Eltern als ein damals vorauszusehendes Resultat, welches schon in frühen Jahren ihrer Beziehung seinen Anfang nahm.

Wenn sich zwei Menschen durch verachtende Verhaltensweisen gegenseitig Schaden zufügen, führt ein zwanghaftes Zusammenleben zu einer inneren Vernichtung.

Grund für die Existenz bestimmter Regeln innerhalb mancher Gesellschaftskreise ist der dortige Aufenthalt und die strikte Befolgung. Der Druck von außen führt in eine moralische Sackgasse, aus der man nicht so einfach entkommen kann. Gerade Frauen, die nichts anderes pflegen als den sozialen Kontakt zu Menschen aus ihrem Gesellschaftskreis, sind Opfer solcher Zwänge. Ihnen ist kaum eine Möglichkeit zur Wehr gegeben, außer sie nehmen die Konsequenz in Kauf, das Heimatgefühl aufzugeben.

Aus all dem habe ich gelernt, dass kulturelle Zwänge das eigene Leben und vor allem die eigene Persönlichkeit in ihrer Wahrheit einschränken. In Fällen, wo eine Kommunikation zwischen zwei Menschen auf einer vernünftigen Basis nicht mehr gegeben ist, sollte frühzeitig die Notbremse gezogen werden, um sich selbst nicht anzulügen.

Ein Leben in Lügen und Zwängen ist eine dauerhafte Folterkammer!

Die Hoffnung in die Zukunft der Kinder

Manche Eltern sehen als Ausgleich für ihre Alltagsbelastungen eine erfolgreiche akademische Zukunft ihrer Kinder. Es gilt, den jungen Menschen ein besseres Leben zu ermöglichen als das, was sie selbst bis zur Ausreise aus Sri Lanka erlebt haben. Der positive Ansatz ist eine Vorbildfunktion. Doch hinter diesem Ziel liegt gleichzeitig ein unendlicher psychischer Druck, den die Kinder neben den Einschränkungen, die sie für ihr eigenes Leben hinnehmen müssen, zusätzlich über sich ergehen lassen müssen.

Die Eltern vertrösten die Anspruchslosigkeit, die auf ihr eigenes Leben zutrifft, auf eine baldige bessere Zukunft ihres Kindes. Dass irgendwann ein Kind nicht mehr in der Lage ist, eine solche zusätzliche Dauerbelastung zu tragen, ist manchen Eltern unverständlich. Sie sehen in der materiellen und wirtschaftlichen Verfügbarkeit alle Gegebenheiten erfüllt, um die für die weitere Entwicklung des Kindes ersehnten Ziele zu erreichen. Werden diese Ziele nicht erreicht, so muss das Kind für die Zukunft den Ruf des „Versagers" mit sich tragen und wird Zeuge eines respektlosen Verhaltens seitens der eigenen Familie. Mit der Investition in die Zukunft der Kinder wird zugleich der eigene Ruf verbunden.

In meiner Verwandtschaft gibt es einen unausgesprochenen Wettbewerb, dem alle Verwandten unterliegen. Es zählt, welches Kind am schnellsten den höchsten akademischen Titel erreicht. Es gibt in meinem gesamten Familienstamm eine Fülle von Ärzten, die überwiegend aufgrund ihrer Kindheitsprägung diesen Berufszweig gewählt haben.

Selbst meine beiden älteren Schwestern wurden Opfer dieses Wettbewerbs.

Das Erreichen eines bestimmten Berufszweigs eines Kindes ist für die Eltern wie die Verleihung einer erfolgreichen Erziehungsurkunde. Ob das jeweilige Kind sich mit einem medizinischen oder Ingenieurberuf auseinandersetzen kann und will, interessiert manche Eltern nicht. In geschlossenen Kreisen kommt es auch vor, dass Jugendliche mit Ideen und Wünschen Älterer konfrontiert werden. Sie werden gefragt, warum sie ihren Werdegang nicht anders gestalten. Die Betroffenen kommen so in Situationen, in denen sie ihre eigenen Wünsche rechtfertigen müssen.

Diese besondere Art der Fürsorge kann zu einer unkontrollierbaren Abhängigkeit führen, welche manche Eltern nicht bemerken. Eine Abhängigkeit, die weit in die Zukunft der Kinder hineinreicht. Denn ist das Ziel erst erreicht, wird anschließend stillschweigend ein Ausgleich erwartet. Die Eltern setzen voraus, von ihren Kindern für ihre jahrelange Erziehung einen Gegenwert zu erhalten. So ist es eine Art Rentenversicherung, in die Eltern in die Erziehung ihrer Kinder investieren.

Oft betrifft eine solche Absicherung die Jungen aus der Familie. In Indien und Sri Lanka gelten die Jungen des Hauses als eine Art Versicherung, die für den Fall der Arbeitslosigkeit des Vaters oder eines finanziellen Engpasses der Familie zur Arbeit gehen, um den Haushalt zu refinanzieren. Dass eine derartige Belastung für „Männer" zumutbar ist, ist immer noch in manchen Orten und im Exil vertreten. Diese Betrachtung des Kindes führt zu einer gewissen rauen und stumpfen Behandlung mit dem Ziel, es auf einen möglichen Einsatz vorzubereiten. In manchen Fällen ist diese Erziehung von einem respektlosen Verhalten begleitet. Dass dabei die Gefühlswelt verletzt wird, ist vielen nicht bewusst.

Der ständige Wunsch nach mehr Geld und Ruhm bringt manche Eltern in einen Kreislauf des Egoismus, der zur psychischen Last für die betroffenen Kinder wird.

Eine angestaute verletzte Gefühlswelt, die sich durch unkontrollierbare Gewalt und fehlendes Selbstbewusstsein äußert, ist das Ergebnis einer Fülle von Verletzungen in der Kindheit eines Menschen. Damit mag man sich das enorme Gewaltpotenzial mancher betroffener Menschen erklären, die in emotionalen Engpässen zur körperlichen Auseinandersetzung neigen.

Eine Erziehung mit Luxus

Einige tamilische Eltern, die in ihrer Heimat Erfahrungen mit Armut gemacht haben, wollen ihren Kindern im Exil eine solche Erfahrung ersparen. Manchmal wird dabei der Luxus übersehen, mit dem sie ihre Kinder allzu oft überhäufen. Ein Kind, welches mit einem überdurchschnittlichen Konsumdenken aufwächst und verwöhnt wird, könnte später Schwierigkeiten haben, auf eigenen Beinen zu stehen. Unabhängig von der Herkunft konnte ich dies bei erwachsenen Menschen beobachten, die es selbst im fortgeschrittenen Alter schwer hatten, unabhängig von der finanziellen Hilfe ihrer Eltern ihr Leben allein zu bewältigen. Wird der Haushalt größtenteils durch die Eltern erledigt, bekommt das Kind nicht die Möglichkeit, jemals mit den im Haushalt anfallenden Arbeiten Bekanntschaft zu machen. In Sri Lanka werden die Kinder in ihrem Zuhause bereits im frühen Alter mit verantwortlichen Aufgaben konfrontiert. Der Vorteil darin erweist sich zum Beispiel im späteren Eheleben, wo die jungen Menschen dann nämlich keine komplette Umstellung nötig haben.

So gilt es für manche Eltern, ihre Kinder zur Eigenständigkeit zu erziehen und sie eben nicht zu sehr zu verwöhnen. Dabei könnte ein kleiner Schritt in diese Richtung bereits eine zufriedene Absicherung für das spätere eigenständige Leben sein. Der Vorteil kleiner häuslicher Aufgaben ist der, dass das Kind lernt, mit der Zeit eigenverantwortlich Dinge zu erledigen. Das Elternhaus hat neben der Schule den größten Anteil daran, die Kinder entsprechend auf das Leben vorzubereiten. In diesem Zusammenhang sollten die Eltern auch ihre Verantwortung wahrnehmen.

Die uneingeschränkte Nutzung des Mediums Internet ist ebenfalls eine Form von Luxus. Werden einem Kind in seiner Erziehung keine Grenzen gesetzt, so kann es für sein späteres Leben nicht lernen, sich selbst und anderen Grenzen zu setzen. Wie soll ein Mensch im Leben etwas anwenden, wenn er es zuvor nie gelernt hat?

Vom Hausmädchen zur Hausfrau

In einigen konservativen Familienstrukturen wird selbst im 21. Jahrhundert das „mittelalterliche" Konzept in der Erziehung der Kinder praktiziert. So kommt es vor, das manchen Mädchen vermittelt wird, sich ausschließlich auf den Haushalt zu konzentrieren und in der beruflichen Karriere zurückzustecken. Die Meinung basiert auf dem Prinzip, dass der Mann das Geld nach Hause bringt, während die Frau für die Geburt und das Großziehen der Kinder und den Haushalt zuständig ist. Zu meinem Erschrecken gibt es tatsächlich noch heute diese Erziehungssysteme, mit denen manche Kinder in einer konservativen tamilischen Welt konfrontiert werden. In solchen Fällen werden den Kindern die Werte eines Ehelebens in einer mittelalterlichen Weise beigebracht. Damals war der Mann zuständig für die Jagd, er brachte das Essen mit nach Hause, während die Frau für den Haushalt und den Rest zuständig war. Die Frage, die sich für mich seit einigen Jahren stellt, lautet:

Warum wollen sich manche Eltern von diesem Konzept nicht lösen? Haben sie Angst vor einer möglichen späten Unabhängigkeit des Kindes und somit einem möglichen Kontrollverlust? Oder ist es die eigene konservative Erziehung, die man aus seiner Heimat und dem dortigen Gesellschaftsleben kennt?

Die mögliche Antwort könnte man in den bereits von mir angesprochenen Punkten finden. Die fehlende Integration, die geschlossene Gesellschaft, das Defizit in der Sprache, der fehlende Austausch mit der deutschen Gesellschaft und so weiter. Alle Punkte, die nicht erfüllt sind, bieten den Nährboden für die Existenz solcher Strukturen.

Wie kann sich ein Kind von einer solchen Prägung, die es in seiner Kindheit erfahren hat, lösen?

Ein möglicher Weg, den der betroffene Mensch gehen kann, ist der Mut, die Dinge zu hinterfragen, die ihm in der Kindheit vermittelt wurden. Hierzu braucht es Kraft und Energie, um seinen eigenen Verstand zu benutzen und einzusetzen. Der Gang zur selbstständigen Veränderung seiner eigenen Kindheitsprägung fordert viel Zeit und Geduld.

Auch ich bin ich diesen langen Weg gegangen und befinde mich weiterhin auf dem Pfad der ständig neuen Erkenntnis des Lebens. Mir wurden durch meinen Vater veraltete, „mittelalterliche" Werte unter dem Deckmantel „kulturelle Werte" vermittelt, von denen ich mich in den Jahren der Selbstreflexion gelöst habe. Bis zu meinem Auszug lebte ich in meinen Gedanken lange Jahre mit einem veralteten Betriebssystem. Die Reflexionszeit, die ich in meinem Leben hatte, und manche Wendepunkte im Laufe der Zeit gaben mir die Möglichkeit, einige Dinge aus der Vergangenheit zu hinterfragen.

   Ich weiß, wie schwer es ist, sich von seiner Kindheitsprägung zu lösen. Man nimmt die Außenwelt als eine „Welt von außen" wahr, die der eigenen Welt nicht gleicht. Einigen Jugendlichen gelingt es, auf die Suche zu gehen. Andere wiederum sind unbewusst und hilflos darin gefangen. Diesen empfehle ich die Sicht auf die Welt im 21. Jahrhundert zu wagen. Ist der erste Schritt einmal getan, kann im nächsten Schritt versucht werden, aus einer objektiven Sichtweise beide Welten zu vergleichen und für sich den eigenen Weg zu finden.

Vom Bub zum Knecht

Dieselben Verhältnisse, die auf betroffene Mädchen zutreffen, gelten ebenfalls für Jungen. In Häusern, in denen die mittelalterliche Struktur vertreten wird, wachsen die Jungen mit einer veralteten Sicht auf die Welt auf, ohne dass sie es wahrnehmen.

Ein Arzt oder Ingenieur bringt ein gesichertes Einkommen mit nach Hause. Diesen beruflichen Anforderungen können manche Jugendliche nicht standhalten. Die ständige Überwachung des eigenen Verstandes durch das Elternhaus ist die Blockade für eine mögliche Befreiung aus der Kindheitsprägung.

Zu vergleichen ist dies mit einem programmierten Chip, der in der Kindheit in den Körper eingepflanzt worden ist. Die Folge des darauf befindlichen Programms ist die fehlende persönliche Entwicklung. Teils sogar die fehlende Männlichkeit, die durch diesen Einfluss in der Entwicklung gestört wird. Die unterdrückte Männlichkeit in der Kindheit und Jugend hat zur Folge, dass diese sich unter anderem im Eheleben negativ auswirken kann. Manche Männer wissen mit dem psychischen Druck, der aus der Kindheit stammt, nicht richtig umzugehen. Fehlendes Verständnis und überdurchschnittliche Erwartungen an die Ehefrau belasten die Partnerschaft.

Ein Eingriff in die männliche Psyche seitens der Eltern hinterlässt oft tiefe Narben, die die Jungen in ihrem Leben mit sich tragen. Manchmal ist der Schmerz so enorm, dass betroffene Männer diesen vor der Außenwelt verstecken, um sich und vor allem ihre Wunde, die nicht verheilt, zu schützen. Sie wollen dadurch verhindern, weiter verletzt zu werden. Dieser Schutzschild kann nach außen hin einen Menschen beschützen, wohingegen im Innern der Schmerz weiterhin existiert.

Mein Ratschlag an betroffene Jungen wäre der gleiche wie bei den Mädchen, nämlich Mut und die Kraft zur Benutzung des eigenen Verstandes aufzubringen. Es ist nicht falsch, wenn man als Mann zu seinen eigenen Schwächen steht und diese behandelt. Eine Auseinandersetzung mit verletzenden Erlebnissen in der Vergangenheit kann das eigene Leben im positiven Sinne verändern.

Jedem Menschen ist die Gabe in die Wiege gelegt, ein eigenes Gespür zu haben, über das sie verfügen können. Meines Erachtens nutzt die heutige Gesellschaft viel zu selten ihren eigenen Verstand. Die Gewöhnung daran, das Denken der Masse zu überlassen, verursacht den Schlaf in den eigenen Gedanken.

Es ist Zeit, die eigenen Gedanken aus diesem Schlaf zu wecken!

Die Anerkennung der Eltern

Manche Kinder kommen unbewusst in eine ständige Behauptung gegenüber den Eltern, wenn sie in der Kindheit in einem Raum des Forderns aufwachsen. Ist das geforderte Ziel der Eltern nicht erreicht, so folgt in manchen Fällen eine Selbstzerstörung der Persönlichkeit des betroffenen Kindes.

Die Zerstörung des eigenen Ich ist geprägt von der ständigen Präsentation des gescheiterten Ziels, welches das betroffene Kind trotz Forderns der Eltern nicht erreicht hat. Eine Bloßstellung seitens der Eltern kann zu einem kompletten Rückzug der eigenen Persönlichkeit aus dem sozialen Umfeld führen. Man wird traurig und redet sich fortan ein, dass die Eltern recht haben könnten. Der Neid auf andere Kinder, die das gewünschte Ziel erreicht haben, ist oft eine zusätzlich verletzende Erfahrung, die betroffene Kinder machen.

Es kann möglich sein, dass die Eltern mit eigenem Vorbild versuchen, dem Kind eine mögliche Orientierung zu geben. Dass diese Art und Weise der Vorbildsuche ihr eigenes Kind umso mehr verletzt und Gegenteiliges bewirkt, ist manchen Elternteilen nicht bewusst. So entsteht eine innere Wunde, die die Kinder ihren Eltern zu keinem Zeitpunkt erklären, weil das Elternhaus größtenteils mit dem Erreichen und der Betrachtung bestimmter Ziele im Leben des Kindes beschäftigt ist, anstatt den Ansatz in eine entsprechende Förderung des Kindes zu setzen.

Erreicht man die Anerkennung seiner Eltern nicht, so ist das weitere Leben geprägt von einer ständigen Lücke der Behauptung gegenüber dem eigenen Elternhaus.

Anerkennung ist im Leben eines Menschen ein wichtiger Bestandteil in der Entwicklung eines gesunden Selbstbewusstseins. Die ständige Sehnsucht nach diesem Gefühl entwickelt sich im Lauf des Lebens, ohne dass die betroffenen Menschen es für sich wahrnehmen können.

Der Widerstand gegen das System

Ein möglicher Widerstand führt in einigen Fällen dazu, dass manche betroffene Kinder sich auf ständigem Kriegsfuß mit den Eltern befinden. Jegliche Teilnahme an kulturellen Festen und religiösen Ritualen wird strikt abgelehnt, um so der Rebellion Ausdruck zu verleihen. Folglich kann ein solches Verhalten zu einer Ausgrenzung aus der eigenen Familie führen.

In der Anfangsphase meines Widerstandes machte ich in meinem Zuhause die gleiche Erfahrung. Das Verweigern der Teilnahme an kulturellen Festen, wo sich der Rest der Familie traf, war ausschlaggebend für die Entstehung einer indirekten Abneigung gegenüber meiner Person seitens der Familienmitglieder. Im Laufe der Jahre sah ich nämlich keinen Sinn mehr in diesen Veranstaltungen, wollte nicht stundenlang gelangweilt an einem Platz sitzen, um mich einem möglichen „Screening" zu unterziehen, bis das Festessen serviert wurde. Anstatt die Zeit dort zu verschwenden, fand ich die Freizeitgestaltung mit Freunden sinnvoller.

In einigen Familien kommt es vor, dass die Kinder mit der Androhung von Hausarrest dazu gezwungen werden, an kulturellen Festlichkeiten teilzunehmen.

Durch die gezielte Blockade in der Freizeitgestaltung mit Freunden werden die betroffenen Kinder in eine psychische Sackgasse geführt, unter der sie leiden. Besonders betroffene Mädchen haben unter dieser psychischen „Foltermethode" zu leiden. Mit dem Vorwand, dass ein

Mädchen nicht die gleichen Rechte wie ein Junge habe, wie beispielsweise die Freiheit in den vollsten Zügen zu genießen, müssen sie die unfreiwilligen Sperren über sich ergehen lassen. Oft nehmen sie eine solche Einschränkung ihrer Freiheit widerstandslos auf sich. Bei einem möglichen Widerstand, der in einem geschlossenen Raum stattfindet, ist folglich mit einer Ausgrenzung zu rechnen.

In meiner Reise durch die tamilische Kultur begegnete ich Menschen, welche die Konsequenzen einer Ausgrenzung für ihren häuslichen Widerstand in Kauf nahmen, um die auferlegten Fesseln im Glashaus zu sprengen. Aus ihren Berichten erfuhr ich, wie sich die eigene Familie auf einmal gegen sie gestellt hatte, nur weil sie angefangen hatten, über ihr eigenes Leben zu bestimmen.

Eine solche Erfahrung stärkt die Betroffenen in ihrem Entschluss, die eigene Meinung zu vertreten und sich in ihrer Persönlichkeit weiterzuentwickeln. Nicht allen betroffenen Kindern im Glashaus gelingt ein solcher Widerstand. Einige scheitern an den Folgen der ersten Versuche, weil ihnen Kraft und Ausdauer fehlen, dem ewigen Kampf gegen die eigenen Reihen standzuhalten.

Tatsächlich besteht das Leben aus einem ständigen Kampf, wie selbst Friedrich Schiller zu seiner Zeit sagte:

> *„Der Starke ist am mächtigsten allein."*
> *(Friedrich Schiller, „Wilhelm Tell")*

In dieser Aussage verdeutlicht Schiller, dass in uns selbst eine Kraft liegt, die uns bei vollstem Bewusstsein stärken kann, wenn wir sie erkennen und auf unser Leben anwenden.

Nutzen auch Sie ihre Lebenskraft für Ihr Leben!

Das neue Ich

Im Widerstand gegen das unterdrückende System ist die Möglichkeit vorhanden, sich selbst noch einmal neu kennenzulernen, was vorher durch das strikte Befolgen der Regeln im Glashaus nicht möglich war. Die eigene Widerstandsfähigkeit und das Selbstbewusstsein kommen gegenüber starken emotionalen Angriffen auf einen hohen Prüfstand.

Hält man einem solchen Gewitter aus familiären Angriffen stand, so können betroffene Jugendliche für sich ein neues Kapitel in ihrem Leben schreiben. Ziel eines solchen Widerstandes ist es, die Familie von den eigenen Wünschen zu überzeugen, damit man ebenfalls ein Recht auf Meinungs- und Entscheidungsfreiheit über das eigene Leben hat.

Jeder Mensch hat das Recht, die Werte zu definieren, die für ihn in Frage kommen und vereinbar sind. Es ist auch möglich, dass sich positive Werte aus der deutschen Kultur mit den positiven Werten aus der tamilischen Kultur vereinen und sich so eine neue Plattform aus beiden Kulturen entwickelt. Die Verschmelzung aus beiden Welten ist ein Weg, den nur die Betroffenen selbst gehen können.

Eine neue Definition über neue Werte muss nicht zwingend übereinstimmen mit den Werten der Freunde oder anderer Menschen aus der eigenen Umgebung. Es handelt sich um ein Ergebnis, welches auf der eigenen Lebenserfahrung basiert, die man in der Reise zwischen den Welten gemacht hat.

Auf meiner eigenen Reise zwischen den kulturellen Welten konnte ich die Werte für mich entdecken, mit denen ich mich identifizieren kann.

Eine neue Identität bedeutet gleichzeitig einen neuen Charakter, der sich während der Veränderung der Sichtweisen entwickeln kann. Es gibt kein Patentrezept, wie man sein altes Ich mit den alten Werten zurücklässt, um ein neuer Mensch zu werden. Zeit und Geduld sind die wichtigsten Zutaten für einen erfolgreichen Weg. Wenn man sich an Zeiten aus seiner Kindheit erinnert, lässt sich sicherlich ein gewisser Unterschied zu dem jetzigen Zustand feststellen.

Manche Menschen im erwachsenen Alter stoppen ihren gedanklichen Veränderungsprozess durch Aussagen wie:

„Ich bin so, wie ich bin.“
„Ich will mich nicht verändern.“

Sie unterstreichen lediglich den Entschluss, in einer Veränderung der eigenen Persönlichkeit einen möglichen Fehler zu sehen. Manche fühlen sich verletzt und erzeugen durch die Verwendung solcher Sätze eine Art Selbstschutz. Es muss nicht unbedingt eine Fehlinterpretation sein, wenn man seine Sicht auf die Welt aus einem anderen Blickwinkel betrachtet und diesen neuen Blickwinkel für sich übernimmt. Manchen gelingt so etwas und sie haben in ihren weiteren Lebensabschnitten keine Schwierigkeit damit, sich weiterzuentwickeln. Etwas Neues muss also nicht zwingend falsch sein!

Wären Sie bereit, manche Sichtweisen aus heutiger Sicht zu hinterfragen und zu verändern?

Eine neue Welt

Hat man die Entwicklung eines neuen Ich erfolgreich absolviert, kann mit der Zeit eine Welt mit neuen Perspektiven entstehen, die anders ist als die, mit der man zuvor in einer geschlossenen Welt gelebt hat. Ein neuer Lebensabschnitt, den man mit der Zeit wahrnimmt.

Das ist vergleichbar mit der Auswanderung in ein fremdes Land. Viele verbinden damit, ein neues Kapitel zu beginnen, welches mit dem alten Leben keineswegs in Verbindung gebracht werden soll. Mit einem Neuanfang verändern manche Menschen unter anderem auch ihren Charakter.

Ich persönlich kann jede Veränderung im Neuanfang bestimmter Lebensabschnitte meines Lebens bestätigen. In unterschiedlichen Wendepunkten habe ich Möglichkeiten genutzt, mich neu zu entdecken. Das hat mich im Leben stets einen Schritt vorwärts gebracht.

Eine vertraute Diplompsychologin erzählte mir eine weise Geschichte, die mich auf meiner weiteren Reise begleiten soll. Ich möchte sie hier sinngemäß wiedergeben:

Es war einmal ein Junge, der auf seiner Reise durchs Leben viele Dinge mit sich schleppte, die er in der Vergangenheit gesammelt hatte. Eines Tages traf er auf einen alten Mann, der ihm den Rat gab, unnötige Dinge abzulegen und seine Reise fortzuführen, also den weiteren Weg leichter zu gehen.

Der junge Mann folgte diesem Rat des alten Mannes, legte einige der alten und unnötigen Gegenstände ab und ging weiter.

Nach einiger Zeit traf er wieder auf einen alten Mann, der ihm den Rat gab, weitere Dinge abzulegen, die er nicht benötigte. Er folgte auch diesem Rat und legte die restlichen Gegenstände ab.

Auf seiner Reise, die nun ohne jegliche Lasten verlief, bemerkte der Junge, dass er all die Zeit eine unnötige Last mit sich herumgeschleppt hatte, die seinen Weg zum Ziel erschwert hatte.

Was verdeutlicht die Geschichte?

Manche Menschen neigen dazu, Erinnerungen aus der Vergangenheit und Sorgen um die Zukunft mit sich zu schleppen und somit ihr Leben zu belasten. Wer lernt, die Vergangenheit ruhen zu lassen, dem könnte es gelingen, unnötige und belastende Gedanken loszuwerden. Denn was geschehen ist, ist geschehen und wird durch ständige Trauer nicht wieder rückgängig gemacht. Der Verlust eines bestimmten Menschen oder die Verfehlung eines bestimmten Zieles führen manche Menschen zu tiefster Trauer, unter der ihre Zukunft leiden kann. Man kann aber lernen, mit einem Gefühl des Verlustes umzugehen, sodass der

Schmerz nicht mehr zur Qual wird. Die Entscheidung hierfür liegt jedoch bei den Betroffenen selbst.

Ich persönlich hätte es ohne die Hilfe eines Therapeuten im Leben nicht so weit gebracht. Ich komme trotz schwerer Schicksalsschläge allein durchs Leben, ohne in eine dauerhafte Depression zu fallen. Der Grund hierfür liegt unter anderem darin, dass ich die Welt mit all ihrem Facettenreichtum neu entdecke und diese für mein Leben nutze. Eine unendliche Trauer oder Selbstmitleid würden mir die Freude am Leben nehmen und ich wäre in einem unendlichen Teufelskreislauf verletzter Gefühle gefangen.

Kommunikation ist nicht nur in einer Partnerschaft oder im Zusammenleben mit den eigenen Eltern wichtig, sondern auch für sich selbst. Wenn ich in der Lage bin, mit mir selbst und meinen Gefühlen zu kommunizieren, gelingt es mir zugleich, mit meinen Gedanken und Gefühlen im Einklang zu sein.
   Lernt man seine eigenen Gefühle zu entdecken und zu verstehen, so kann es gelingen, dass man die Gefühle und die Gedanken anderer versteht.

Meines Erachtens geht die soziale Kommunikation zwischen den Menschen in der heutigen digitalen Welt des Internets immer mehr verloren. Das persönliche Kennenlernen von Menschen wird dadurch ersetzt, dass man sich in Digitalen Sozialen Netzwerken bewegt. Besonders Jugendliche sind heutzutage viel zu sehr in der digitalen Welt unterwegs und verlieren dadurch ihre Fähigkeit, in der realen Welt soziale Kontakte zu knüpfen.

Auch ich war einst ein Opfer der Cyberwelt. Der Rückzug aus der Gesellschaft und die Konzentration in der Scheinwelt waren die Folge einer digitalen Kommunikationsplattform im Internet. Erst an einem Wendepunkt in meinem Leben, in der Perspektive „von oben", konnte ich sehen, wie sehr ich mich davon beeinflussen ließ. Schnell zog ich die positiven Schlüsse aus dieser Erfahrung. Das eigene Resultat in der Erfahrung mit diesen Netzwerken ermöglicht es mir heute, die Cyberwelt mit einer gewissen Distanz zu betreten, ohne diese mit der realen Welt zu verwechseln. Die Veränderung der eigenen Sicht gegenüber diesem Medium gab mir die positive Resonanz, dass ich den Unterschied zwischen der Kommunikation in der Realität und der Cyberwelt wieder unterscheiden konnte. Hätte ich die Veränderung der eigenen Sicht nicht zugelassen, so wäre ich sicherlich noch in der Cyberwelt gefangen und hätte mich weiterhin von der Realität abgegrenzt.

Betroffenen Jugendlichen, die sich in einem uneingeschränkten Konsum des Internets befinden, empfehle ich den Schritt in die wahre Welt zu wagen. Die Resozialisierung durch sportliche Aktivitäten oder Freundeskreise kann ein erster Schritt sein, um sich aus dem Sog des Internets zu befreien.

Seien Sie bereit, den ersten Schritt für sich zu wagen, ohne dabei Angst zu haben, wieder rückfällig zu werden!

Die Veränderung zulassen

Manchmal beschleicht einen ein seltsames und ungewöhnliches Gefühl, wenn Gewohntes sich verändert und das Neue sich anders anfühlt als das Altbewährte. Bei einer Veränderung eines Umstands in der Umgebung ist ein solches Gefühl normal.

Manche Menschen neigen dazu, Veränderungen nicht zuzulassen, weil sie Angst vor ihren Gefühlen haben. Angst, das Alte, das Gewohnte, nicht mehr zurückzubekommen, da gerade das vielleicht bislang gut funktioniert hat. In manchen konservativen Strukturen lässt sich so etwas als Beispiel darstellen.

Die festgesetzten Regeln werden strikt verfolgt, um das Gewohnte unberührt zu lassen. Mögliche Besserungen, gar Vereinfachungen, werden nicht wahrgenommen, da das Gefühl der Veränderung und eines möglichen Kontrollverlustes bezüglich der alten Struktur zu groß ist. Man hat Angst vor dem Scheitern und stellt sich die Frage:

„Was, wenn das Neue nicht so ist, wie ich es mir vorstelle?"

Das führt möglicherweise zu einer Selbstblockade, die neue Ideen an ihrer Verwirklichung hindert.

Die Zweifelsfrage ist ein möglicher Grund, warum einige aufgeben und ihrer Idee zunächst zwar Aufmerksamkeit schenken, dann jedoch keine Taten folgen lassen. Begleitet wird der entstandene Zweifel durch demotivierende Kommentare derjenigen, denen man seine Idee vorstellt. Die dortige Bestätigung dessen, was man bereits innerlich blockiert hat, bringt manche endgültig zum Aufgeben.

Mut zu sich selbst ist in diesem Fall mein persönlicher Ratschlag und zugleich meine Erfahrung, die ich in der Gestaltung und Verwirklichung meiner Ideen im Laufe meines Lebens sammeln konnte. Oft wurde ich Zeuge, wenn die Menschen aus meinem Umfeld große Bedenken und Desinteresse zeigten. War die Idee erfolgreich umgesetzt worden, erwies man mir lediglich Bewunderung. Hätte ich mich an den Meinungen und Äußerungen meiner Mitmenschen orientiert, so wären meine eigene Meinung und die damit verbundenen Entscheidungen ständig in der Sicht anderer gebunden gewesen.

Einigen Betroffenen fällt so etwas nicht selbst auf. Die Angst vor den eigenen Fähigkeiten ist manchmal so groß, dass man das Denken gern anderen überlässt. Wenn beispielsweise ein Mensch sein ganzes Leben immer demselben Alltag folgt, ohne eine Routine oder Veränderung zuzulassen, kann dies unter anderem auf seine Angst vor Veränderungen oder auf Faulheit zurückgeführt werden. Ein Wechsel vom Bekanntem zu etwas Neuem bedeutet, Kraft und Energie zu investieren. Diese Kraft möchten manche aus der Gewohnheit nicht riskieren und verbleiben somit beim Alltäglichen.

Der Grund für die Klage, dass das Leben so langweilig sei, liegt oft in der eigenen Lebenseinstellung. Wenn ich mein Leben langweilig gestalte, darf ich mich nicht über den langweiligen Alltag beschweren, der sich mir beschert. Wenn ich jedoch mein Leben interessant und mit einer gewissen Routine gestalte, kann ich mich über mein eigenes Leben freuen und sehen, wie schön es ist.

Gelegentlich höre ich Beschwerden von Jugendlichen, dass ihr Leben nicht die gewünschte Abwechslung bietet und sie sich selbst für unkreativ halten. In solchen Situationen versuche ich zu helfen, indem ich ihnen rate, damit aufzuhören, sich selbst durch derartige Stempel zu blockieren.

Sich ständig einzureden, dass man bestimmte Dinge nicht kann, hat zur Folge, dass man diese Gedanken tief in seinem Kopf verankert und aus diesem Denkmuster nicht mehr herauskommt.

Die manchmal von unverstandenen und verletzten Menschen ausgesprochenen Behauptungen lauten:

„Mich versteht doch keiner."
„Niemand versteht mich wirklich."
„Wer soll mich schon verstehen …"

In diesen Aussagen wird das Verständnis, das man sich vielleicht von anderen wünscht, durch einen selbst blockiert. Die Gefühle eines Menschen können nur dann verstanden werden, wenn der Betroffene anderen den Zugang zu seinen Gefühlen ermöglicht. Öffne ich meine Gefühlswelt einem Menschen, der sich mit verletzten Gemütszuständen auskennt – wie beispielsweise einem Psychotherapeuten oder anderen sozialpsychologischen Betreuern einer Trägerschaft –, kann man davon ausgehen, dass diese Gefühle dort behutsam behandelt werden. Das eigene Umfeld oder den eigenen Partner zu verurteilen, der vielleicht nicht auf Anhieb versteht, was im eigenen Innern vor sich geht, ist falsch. Weder der Partner noch die Eltern

besitzen eine automatische Ausbildung zum Psychotherapeuten. Die Zuneigung und die Liebe eines Partners oder
der Eltern dürfen nicht mit einer Behandlung der eigenen
Gefühle verwechselt werden. Zu vergleichen wäre das mit
einer Krankheit, deren Verlauf und Symptome nur ein
fachspezifischer Arzt behandeln kann. Die Umwelt kann
lediglich den Weg zum Arzt begleiten, aber nicht die
Behandlung selbst durchführen. Diese liegt in den Händen
derer, die sich dafür spezialisiert haben.

Es bedeutet eine Menge Mut, den ersten Schritt zu gehen,
um eine verletzte Gefühlswelt zu heilen. Es fordert Kraft
und Energie, die man aufbringen muss, um standhaft den
Weg der Heilung zu gehen. Zweifel und Misstrauen begleiten einen Menschen, wenn sich in einem bestimmten
Lebensabschnitt ein Wendepunkt ereignet. In einem
solchen sollte die Kraft so stark sein, dass dem Wendepunkt freier Lauf ermöglicht wird.

Hierzu widme ich dem Leser folgende Geschichte:

Es hat alles seinen Grund ...

*Ein Vater lebte zusammen mit seiner Familie in einem Dorf. Sie
besaßen einige Kühe und Schafe, mit denen sie ihren Handel betrieben. Plötzlich verließen die Kühe die Familie.*

*Die Leute im Dorf kamen zu der Familie und klagten: „Was für
ein Unglück!"*

Der alte Vater erwiderte: „Es hat alles seinen Grund."

*Eine Weile später kamen die weggelaufenen Kühe zurück und
führten eine ganze Herde wunderschöner fremder Kühe mit auf den
Bauernhof.*

Wieder kamen die Leute aus dem Dorf: „Welch ein Glück im Unglück!"

Der alte Vater sagte: „Es hat alles seinen Grund …"

Eines Tages machten sich die Söhne daran, eines der Schafe zu scheren. Sie wurden dabei schwer verletzt und konnten nicht mehr arbeiten. Fortan musste der alte Mann die Arbeit selbst bewältigen.

Wieder kamen die Leute aus dem Dorf und sagten: „Welch ein Unglück!"

Die Antwort des alten Vaters war: „Es hat alles seinen Grund …"

Eines Tages brach ein Krieg mit dem Nachbardorf aus. Die Soldaten der Armee kamen in das Dorf, um alle kriegsfähigen Jungen einzuziehen. Alle jungen Männer des Dorfes wurden rekrutiert und viele von ihnen erlagen im Krieg dem Tod. Die Söhne des alten Vaters aber blieben zu Hause, weil sie aufgrund ihrer Verletzung nicht eingezogen werden konnten.

Der Rest der Dorfbewohner bewunderte den alten Vater und sagte: „Welch ein Glück im Unglück!"

Er erwiderte: „Es hat alles seinen Grund …"

In dieser Geschichte hat der alte Vater es zugelassen, dass die Dinge ihren Lauf nahmen. Mit der Veränderung äußerten die Dorfbewohner ihre Besorgnis, durch die der Vater sich aber nicht beeinflussen ließ, sondern lediglich die Aussage traf: „Es hat alles seinen Grund." Mit der Zeit folgen die positiven Resultate aus den Geschehnissen, die sich auf den ersten Blick als Unglück erwiesen hatten. Am Ende konnte sogar das Leben der Söhne gerettet werden.

Damit ein Resultat aus den eingetretenen Veränderungen stattfinden kann, lässt der Vater dies auch zu. Wäre er dem Willen und den Meinungen seiner Dorfbewohner gefolgt, so hätte er einen weitaus größeren Schrecken und Verlust erlitten, als es für den kurzen Augenblick der Fall war.

Ich persönlich eröffne mir neue Perspektiven über vergangene Ereignisse meines bisherigen Lebens. Manchen Verlusten konnte ich eine Intention und einen Sinn zuordnen und begann umso mehr, die Veränderungen in meinem Leben zuzulassen. Wenn ich das Betriebswirtschaftsstudium erfolgreich absolviert hätte, wäre ich an einen Arbeitsplatz gelangt, der mit einem täglichen Ablauf für die nächsten fünfzehn Jahre ausgestattet gewesen wäre. Die angespannte Arbeitsatmosphäre während der Anfangsphase meiner Ausbildung hätte mich auf Dauer psychisch belastet. Ständig Angst zu haben, dass ich als „technisch unbegabt" abgestempelt werde, ist nun nicht mehr von Belang. Die Entdeckung meiner wirklichen Fähigkeiten, die wichtig war, damit ich den richtigen Berufszweig für mich finden konnte, ist mir nur aufgrund meiner Erfahrungen und verschiedener Ereignisse gelungen, aus denen ich die Intention für die Zukunft erkannte. Es ist nicht einfach, in einer geschlossenen Konstellation etwas wahrzunehmen, was sich einem unbewusst im Innern andeutet.

Manche Menschen quälen sich durch Partnerschaften, Ehen oder Freundeskreise, weil sie Angst vor den Konsequenzen ihrer Entscheidung haben. Der Schmerz beim Verlust eines nahen Menschen erfordert viel Kraft und Mut. Hat man diesen Schmerz erst einmal überwunden, so kann man durch einen gezielten Abschied neue Kraft für neue Bindungen schöpfen, wie bereits Hesse es in seinem Gedicht „Stufen" angesprochen hat.

Toleranz

In der heutigen Zeit ist es wichtig, miteinander rücksichtsvoll umzugehen und tolerant zu sein. Dies fängt bei Kleinigkeiten an, wie die Akzeptanz von Menschen, die anderer Ansicht sind als man selbst. Die Perspektive des anderen muss nicht unbedingt mit der eigenen übereinstimmen, aber man kann sie wahrnehmen und respektieren. Durch diese Fähigkeit kann es einem gelingen, Dinge friedlicher anzusehen und zu behandeln.

Der Gegenpol zu einer solchen Ansicht wäre eine sture Meinung, in der der eigene Standpunkt durchgesetzt wird. Der Blickwinkel beschränkt sich einzig und allein auf die eigene Sichtweise. Die Möglichkeit, Kompromisse einzugehen und diese auch zu akzeptieren, wird durch solche Verhaltensweisen zerstört. In einem geschlossenen Kreis, in dem ausschließlich der eigene Standpunkt vertreten wird, finden sich wenig tolerante Menschen, denen es gelingt, einen bisher fremden Blickwinkel einzunehmen. Die Priorität, das Eigene durchzusetzen, steht an oberster Stelle.

Besonders westliche Bildungseinrichtungen wie Schulen oder andere soziale Vereine vermitteln Toleranz anderen Menschen gegenüber. Rücksicht findet sich in jedem Alltag eines Menschen wieder, allerdings mit dem Unterschied, dass jeder Mensch diese unterschiedlich wahrnimmt und definiert.

Ein Beispiel, in dem der Aspekt „Rücksicht" eine wichtige Rolle spielen kann, ist das Zusammentreffen mit dem Freundeskreis. Kommt ein solches Treffen aus irgendeinem Grund nicht zustande, so kann man sein Fortbleiben den anderen gegenüber auf unterschiedliche Art und Weise erklären. Zum Beispiel würde eine persönliche Art der Absage den anderen ihre Wichtigkeit signalisieren. An dieser Stelle der persönlichen Kommunikation geht man vorsichtig mit der Überbringung einer Hiobsbotschaft um, sodass keiner der Beteiligten wütend wird. In Situationen, wo Termine ohne Angabe von Gründen abgesagt oder kommentarlos nicht eingehalten werden, verursachen die Betroffenen eine Kettenreaktion von Spekulationen der anderen Beteiligten. Sie können nicht beurteilen, wie sie die plötzliche Absage beziehungsweise das Nichtstattfinden des Treffens interpretieren sollen. So kommt es vor, dass eine digitale und somit nicht persönliche Absage ohne Begründung eine Welle von Missverständnissen auslöst, die sich mit der Zeit noch verstärken kann. Kommt es zum Ausbruch eines Streits, werden die angestauten Gefühle mit einer Welle von Emotionen entladen.

An dieser Stelle empfehle ich, vor der Entstehung von Missverständnissen die nötige Bremse zu treten und die Sachlage schnellstmöglich aufzuklären. Eine einfache Frage oder Erklärung kann in manchen Fällen die Lösung für ein aufgetretenes Missverständnis sein.

In einer Partnerschaft ist es dahingehend auch enorm wichtig, auf die gegenseitigen Gefühle und Gedanken Rücksicht zu nehmen. Eine kleine Lücke kann in einem enorm großen Protest oder gar Streit eskalieren. Die Betroffenen fühlen sich nicht mehr ernst genommen und empfinden den Partner als belastend, da ihnen das Gefühl vermittelt wird, dass der Partner keine Rücksicht mehr auf sie nimmt. Ein Sturm von Verletzungen ist die Folge einer solchen Ignoranz.

In meinen bisherigen Beziehungen zu Menschen sind mir ähnliche Verhaltensweisen begegnet. Als ich mich von einigen Mitmenschen in der Vergangenheit „rücksichtslos" behandelt fühlte, zog ich mich zurück und behielt diesen Gemütszustand zunächst erst einmal für mich. Die Folge dessen war, dass ich mich verschloss und nicht mehr zugänglich war. In meiner Beobachtung des Wandels der Gesellschaft lernte ich, wie schwer man sich die Dinge im Leben machen kann.

Den Mut, das falsche Verhalten des Gegenübers anzusprechen, eignete ich mir in den letzten zwei Jahren an. Diese Methode der vereinfachten Kommunikation auf direktem Wege ermöglicht mir heute, Gedankenlasten keinen Raum zu geben. Die Bildung eines Gefühlsdammes ist ausgeschlossen und man kann jegliche Missverständnisse oder Verletzungen unverzüglich aus der Welt räumen.

Zu einer Übermittlung von Botschaften gehört auch die richtige Art und Weise des Redens. Überbringe ich meine Nachricht in einer verständlichen und begreiflichen Art, so signalisiere ich der jeweiligen Person, dass ich friedliche Absichten bezwecke. In dem Moment nehme ich automatisch Rücksicht auf die Gefühle des Gesprächspartners, obwohl ich selbst vielleicht in dem Augenblick verletzt bin.

Manchmal neigt man dazu, in der eigenen Verletzung ein Verhalten an den Tag zu legen, welches die innere Wunde verdeutlicht. Tonfall und Mimik verändern sich und erzeugen beim Gegenüber das Gefühl des Fremdseins. Die Konzentration des Geschehens lenkt sich auf die emotionale Gestik der verletzten Person als die eigentliche Nachricht, die man in dem Moment überbringen möchte.

Betroffenen Menschen ist zu raten, die verletzten Gefühle zu bändigen und sich Zeit zu nehmen, um eine friedliche Kommunikation zu ermöglichen, die nicht in einem emotionalen Chaos endet.

In manchen konservativen Strukturen ist eine lautstarke Kommunikation festzustellen. Die Beteiligten sehen das Anschreien eines Gesprächspartners unter anderem als ein Mittel der Dominanz, mit der sie sich im Kreis präsentieren. Der Lauteste ist zugleich der Dominierende. Dahinter verbergen sich die Angst vor dem Verlust der eigenen Autorität und ein mangelndes Selbstbewusstsein. Solchen Menschen fällt es schwer, die eigene Meinung oder den Standpunkt in einer friedlichen Art zu übermitteln. Der Kontrollverlust bildet eine Mauer und verhindert eine mögliche Wende in der Artikulation des lautstarken Sprechers. Dass manche Menschen durch ein solches Verhalten Rücksichtslosigkeit gegenüber ihren Mitmenschen zeigen, fällt ihnen selbst nicht auf. Es gilt, den eigenen Stolz und die Dominanz um jeden Preis zu verteidigen.

Diese Art des Redens bereitet selbst manchen Kindern Angst vor ihren Eltern. Ein Kind wird gegenüber einem schreienden und verständnislosen Elternteil nie eine Bindung aufbauen können. Ein rücksichtsloser Vater oder eine solche Mutter bewirken, dass das Kind mit einem gestörten Frauen- oder Männerbild aufwächst, welches am Beispiel zu den eigenen Eltern zurückführt. Eltern sind für ein Kind der erste Kontakt zu der jeweiligen Welt der beiden Geschlechter. Ist eine dieser Welten durch bestimmte Verhaltensweisen zerstört, ist es oft nicht gegeben, dass die Bindung zum anderen Geschlecht einwandfrei funktioniert.

Betroffenen Menschen empfehle ich, zunächst die zerstörte Welt wiederherzustellen, ehe sie sich in eine Beziehung begeben. Denn nur wer im Einklang mit den Welten beider Geschlechter ist, der kann im Einklang mit dem Partner in einer Beziehung leben. Manche Eltern sind der Meinung, dass Schreien und Schlagen die Grundlage für eine „gute" und „funktionierende" Erziehung sei. Rücksichtsloses Schlagen und Schreien haben zur Folge, dass das Selbstbewusstsein dieses Kindes dadurch negativ geprägt wird. In Ausnahmefällen kommt es vor, dass Kinder aus einer solchen Kindheitsprägung für sich und ihr Leben positive Rückschlüsse ziehen und bewusst versuchen zu verhindern, die Verhaltensweisen der Eltern zu übernehmen.

Im tamilischen Erziehungssystem in Sri Lanka wie auch in den jeweiligen Exil-Ländern wird das unkontrollierte Schlagen bis heute noch teils als ein überzeugendes Mittel in der Erziehung gesehen und praktiziert. In diesen Momenten der Gewalt wird die Persönlichkeit des Kindes rücksichtslos getreten und das Kind ist in dem Moment wehrlos. Die fehlende Rücksicht der Eltern hinterlässt Spuren in seinem Leben. Die Narben können ein Zeichen dafür sein, dass ein betroffenes Kind die fehlende Rücksicht anderen gegenüber nicht zeigen kann.

Betroffenen Jugendlichen kann ich Mut machen, dass selbst ein solcher Schmerz einer schweren Kindheitsprägung durch professionelle Hilfe eines Therapeuten geheilt oder zumindest gelindert werden kann. Man lernt unter Anleitung, mit den Narben umzugehen und fehlende Lücken aus der Kindheit zu ersetzen. Ziel ist es, eine Zukunft aufzubauen, die mit der Vergangenheit nicht in Verbindung kommt. Betroffene Jugendliche erhalten die Möglichkeit, ein neues Kapitel ihres Lebens aufzubauen.

So gilt es, den ersten Schritt zu wagen, sich Hilfe zu holen und sich helfen zu lassen. Wichtig dabei ist das Vertrauen in sich selbst!

Alles Gute auf Ihrem Weg auf der Reise durch Ihr Leben!

Nachwort

Dieses Buch soll betroffenen Menschen – Kindern sowie Jugendlichen, die sich in einem sogenannten „Glashaus" gefangen fühlen – eine Stütze sein. Ein Spiegel, der zum Nachdenken verleitet.

Betroffene Jugendliche erhalten die Möglichkeit, sich aus einer anderen Perspektive zu betrachten und gegebenenfalls neue Wege einzuschlagen.

Auf der Grundlage meiner bisher gesammelten Lebenserfahrungen, die ich zum Teil in diesem Buch präsentiere, bauen sich die Feststellungen und Beobachtungen auf, die ich auf meiner Reise zwischen zwei Welten gemacht habe. Die Erfahrungen und Vermutungen lassen sich auch auf fremde Kulturen übertragen, in denen ähnliche Strukturen vorhanden sind. So können sich Betroffene aus anderen Kulturen in diesem Buch wiederfinden.

Mit einer Gefangenschaft verbindet man Einsamkeit und Isolation.

Ich traf auf Menschen, die ihr Inneres verschlossen hatten. Der Grund dafür war unter anderem, dass sie in einer geschlossenen Struktur lebten. Tief in ihrem Innern bemerkten sie, dass sie in Wirklichkeit „Gefangene" waren, die freiwillig in einem Käfig lebten.

Ziel meiner Berichterstattung und zahlreicher Lösungsvorschläge ist es, Menschen wie diese zu erreichen.

Eine weitere Zielgruppe ist die westliche Gesellschaft. Meine Intention besteht darin, einen genauen Einblick in bestimmte Strukturen zu geben, deren Realität und was sich dahinter verbirgt einem Großteil der deutschen Gesellschaft unbekannt ist.

Seit meiner Kindheit beschäftigte ich mich mit dem Massensystem der Gesellschaft, welches von Tausenden, ohne dass man es hinterfragt, verfolgt wird. Bereits in meiner Kindheit spürte ich, dass bestimmte Dinge, die in der Gesellschaft vermittelt werden, nicht mit dem übereinstimmen, was ich mir darunter vorstellte. Die ständige Unterdrückung des eigenen Willens durch andere registrierte ich als eine wichtige Erfahrung meiner Pubertät. Nur so konnte ich für mich selbst einen Weg finden, mit dem ich mich aus diesen geschlossenen Kreisen befreite.

Gedichte und Geschichten gaben mir in bestimmten Lebenssituationen Mut und neue Hoffnung, den eigenen Weg weiterzugehen beziehungsweise zu erkämpfen.
Folgende Botschaft möchte ich an dieser Stelle dem Leser und möglichen betroffenen Menschen weitergeben: Folgen auch Sie Ihrem Lebensweg, auch wenn schwere Schicksalsschläge Sie prägen und Ihre Reise zum Ziel erschweren.

Keinesfalls möchte ich die komplette tamilische Gesellschaft als „schlecht" abstempeln. Kulturelle Werte sind ein unverzichtbarer Bestandteil für die Erhaltung einer Kultur.
Mein Begehren ist es, Menschen und vor allem Jugendlichen mit Migrationshintergrund zu helfen, bestimmte Werte zu hinterfragen und herauszufinden, inwiefern diese mit ihren eigenen Wertvorstellungen übereinstimmen. Ich möchte ihnen einen Spiegel ihrer Lage zeigen, in der sie

sich möglicherweise befinden. Dazu einen möglichen Ausweg, den sie für sich wählen können.

Letztendlich treffen Sie, lieber Leser, liebe Leserin, die Entscheidung, ob Sie eine Empfehlung annehmen möchten oder nicht.

Der Austausch mit betroffenen Jugendlichen, die sich in schwierigen Situationen befanden, brachte mich letztlich dazu, dieses Buch zu schreiben. Die ständige Angst, aus der heraus viele Exil-Tamilen ihre Zuflucht im Ausland suchen, begleitet sie selbst nach Verlassen ihrer eigenen Heimat unbewusst weiter.

Ich persönlich habe die Thematisierung bestimmter Kriegserinnerungen innerhalb der Gesellschaftskreise vermisst. Dieses Buch kann vom Krieg traumatisierten Menschen Gehör bieten. Es ergibt wenig Sinn für mich, anonym den Wandel der Gesellschaft und die damit verbundene Problematik in unterschiedlichen Internetplattformen zu erörtern. Die Definition der eigenen Identität liegt, wie bereits erläutert, in den eigenen Händen eines Menschen. Es ist keine Schande, sich helfen zu lassen.

Haben Sie Mut und Kraft, Ihren Weg zu gehen!

Literatur

- „Dem Leben Richtung geben", Prof. Dr. Jörg Knoblauch, Johannes Hüger, Marcus Möckler
- „Schritte der Achtsamkeit", Thich Ninh Hahn, Herder Verlag
- „Die Reise von 1.000 Meilen beginnt mit dem ersten Schritt", Luise Redemann, Herder Verlag
- „Gehirnflüsterer", Kevin Dutton
- „Bhagavad Gita", „Wie sie ist" (deutsche Übersetzung), his divine grace A. C. Bhaktivedanta Swami Prabhupada, The Bhaktivedanta Book, Trust Verlag
- „Siddartha", Hermann Hesse, Suhrkamp Verlag
- „Mahatma Gandhi – Leben und Werk, Schwert der Gewaltlosigkeit", Sigrid Grabner, Pahl-Rugenstein Verlag

Philosophen

- Immanuel Kant, 22.04.1724–12.04.1804, Königsberg, Deutschland, deutscher Aufklärer und Philosoph
- Eugen Berthold Friedrich Brecht, 10.02.1898–14.08.1956, Augsburg, Deutschland, deutscher Dramatiker und Dichter
- Hermann Hesse, 02.07.1877–09.08.1962, Calw, Deutschland, deutschsprachiger Schriftsteller und Dichter
- Johann Christoph Friedrich von Schiller, 10.11.1759–09.05.1805, Marbach am Neckar,

Deutschland, deutschsprachiger Philosoph und
Dichter

- Mohandas Karamchand Gandhi, 02.10.1869–
30.01.1948, Gujarath, Indien, indischer Rechtsanwalt und Moralist
- Mahakavi Subramanya Bharathiyar, 11.12.1882–
11.09.1921, Tamil Nadu, Indien, indischer Aufklärer und Dichter

Das Buch

Es soll jungen Menschen mit Migrationshintergrund, die in einer Glashaus-Konstellation aufwachsen, eine erste Hilfe bieten.

Das Buch thematisiert die Probleme, welche im Wandel zwischen den Kulturen entstehen, und behandelt die damit verbundene Schwierigkeit der Identität in der jeweiligen Kultur.

Der Deutsch-Tamile Devakumaran Manickavasagan beschreibt durch seine Erfahrungen und Beobachtungen im Austausch mit Betroffenen das schwierige Leben, mit denen die Migrationsjugend zu kämpfen hat. In seiner Reise zwischen den Kulturen beschreibt er unter anderem die verschiedenen Gemütszustände, die manche Kinder entwickeln. Ein Glashaus, in dem der Alltag seinen gewöhnlichen Lauf in geschlossenen Hierarchie-Strukturen nimmt. Die Struktur eines solchen Hauses soll dem Leser anhand des Beispiels der tamilischen Kultur näher dargestellt werden. Die Intention liegt darin, betroffenen Jugendlichen einen Anhaltspunkt zu geben, ihren eigenen Weg zu entdecken und für sich zu gehen.

Es gelingt nicht immer, dass man Regisseur seines eigenen Lebens ist. Die Darstellung der Funktion einer „Marionette", die nach den Fäden anderer handelt und lebt, soll dem Leser einen Einblick in das Leben von betroffenen Jugendlichen ermöglichen.

Der Autor

Devakumaran Manickavasagan, geboren 1987 in Ratingen.
Lange Zeit beschäftigte er sich mit dem Wandel verschiedener Kulturen in Deutschland. Dies gelang ihm durch den Austausch mit betroffenen Menschen, begleitet von zahlreichen Beobachtungen und persönlichen Erfahrungen mit dem Leben zwischen zwei Kulturen. Während der Flüchtlingskrise, die Deutschland im Jahre 2015 heimsuchte, konnte er als Betreuer und späterer Leiter einer Notunterkunft mit seiner tatkräftigen Unterstützung einen wertvollen Beitrag für die neu angekommenen Menschen in Deutschland leisten. Der Autor war lange Jahre im Bereich der Kinder- und Jugendarbeit aktiv, um seine Forschungen und Beobachtungen, die er persönlich im Glashaus gemacht hat, zu widerlegen.